오석태의
영어노하우
훔치기

오석태의 영어노하우 훔치기

초판 1쇄 인쇄 2016년 4월 15일
초판 1쇄 발행 2016년 4월 25일

지은이 오석태
옮긴이 송정현
펴낸이 (주)애니클래스
기획 · 편집 최종삼
디자인 황수진

주소 서울 금천구 가산디지털2로 123 월드메르디앙벤처센터2차 904호
도서구매문의(연락처) 070-8610-5350

출판신고일 2015년 8월 31일
등록번호 제651-2014-000017호

ISBN 979-11-957733-0-5 03740

Copyright 2016 by anyclass Co.,Ltd.

이 도서의 국립중앙도서관 출판시도서목록(CIP)은 서지정보유통지원시스템 홈페이지
(http://seoji.nl.go.kr)와 국가자료공동목록시스템(http://www.nl.go.kr/kolisnet)에서
이용하실 수 있습니다. (CIP제어번호: CIP2016008099)

김연희

당신이 최고입니다.

그 자리에 있어줘서 감사합니다.

지은이 오석태

· 영어회화 무작정 따라하기 (길벗이지톡) 2014
· 미국교과서 Reading (길벗스쿨) 2015
· 영어 말문트기 30일 패턴훈련 (길벗이지톡) 2015
· Try Again 필수 영단어 (길벗이지톡) 2009
· 기적의 미국교과서 받아쓰기 (길벗스쿨) 2013
· 오석태의 악마는 프라다를 입는다 자막없이 보기 (스크린영어사) 2008
· 영화보고 원서 읽는 기초 영단어 700 (혜지원) 2015
· 토이스토리3 (스크린영어사) 2011
· 직감영문법 (국민출판) 2013
· 영어회화 끝장레슨 (종합출판) 2013
· 2030영어회화 (종합출판) 2015
· 리딩쇼킹 (종합출판) 2015
· News Voca Master 1000 (삼육오) 2015 등 다수

오석태의 영어노하우 훔치기

| 오석태 지음 |

@ny class

들어가는 글

    길을 걷습니다.

    생각을 하면서 길을 걷습니다.

    하늘을 올려다보기보단 땅을 내려다보면서 걷습니다.

    그리하여 무의식적으로 디뎌지는 내 발의 움직임에 신기한 시선을 보냅니다.

    어찌하여 이렇게 내 발은 내 의지와 무관하게 일정한 보폭으로 제 갈 길을 찾아가고 있을까.

    어찌하여 이내 몸은 내 의지와 무관하게 장애물을 귀신같이 피하면서 제 갈 방향을 잡아가고 있을까.

    길을 걷습니다.

    생각을 하면서 길을 걷습니다.

    땅을 내려다보기보단 하늘을 올려다보며 걷습니다.

    그리하여 흐드러지게 떠 있는 몇 송이 구름 꽃에 울렁거리는 시선을 멈춥니다.

    어찌하여 저 구름은 내 의지와 무관하게 내가 가는 길을 줄곧 따르고 있을까.

어찌하여 저 구름은 내 의지와 무관하게 내가 가는 길을 한결같이 안내하고 있을까.

사는 것이 습관이 되어 살아갑니다.
숨 쉬는 것이 거저 주어진 양 착각하며 살아갑니다.
자연은 언제나 그대로 우리를 지켜주는 양 착각하며 살아갑니다.
습관은 나를 소스라치게 놀라게 합니다. 때로는 긍정적으로, 때로는 부정적으로.
착각은 자유이지만 자유가 진실은 아닙니다. 삶의 진실을, 인생의 진실을 착각으로 퇴색시킬 수는 없습니다.

영어를 잘할 수 있을까.
일정한 보폭으로 영어를 습관화시켜야 합니다.
그 습관을 통해 긍정적인 놀라움을 발견해야 합니다.
영어로 리더가 될 수 있다는 착각을 진실로 만들어야 합니다.
한결같음으로, 습관화된 영어로 창의적인 지도자가 되어야 합니다.

《오석태의 영어노하우 훔치기》
여러분의 발걸음에 기름지고 탄탄한 디딤돌이 되겠습니다.

오석태

차례

Part 3

영어에서 길을 찾다

Part 4

세계 속에서 자아 찾기

PART
1

영어의
바다에 빠지다

영어를 잘한다는 것은 국제적으로 놀 수 있는 기반을 갖췄다는 의미다. 자신의 활동 범위가 일본 쪽이라면 일본어를 우선시해야겠지만, 일본인도 대부분 최신 정보나 지식을 영어자료에서 입수하기 때문에 그들과의 경쟁에서 앞서려면 영어는 선택이 아닌, 필수이다.

수많은 언어가운데 영어를 선택하다

1

내가 영어에 관심을 갖게 된 계기는 어찌 보면 무척 싱겁고 단순하다. 나 역시 우리 세대와 마찬가지로 중학교에 들어가서 처음 영어를 접했다. 영어는 그저 학교에서 배우는 과목 가운데 하나였던 만큼, 다른 과목들처럼 선생님이 가르쳐주는 대로 공부하고 숙제를 해갔다.

그런데 중학교 1학년 기말고사 성적이 나에게 충격을 안겨주었다. 나보다 공부를 못하는 녀석들이 영어 시험에서는 성적이 더 좋게 나왔던 것이다. 전체 평균 95점이 넘던 내가 영어 시험에서 80점을 받았고, 나보다 공부를 못하던 친구들이 90~95점을 받았으니 어찌 놀라지 않겠는가. 도저히 이해할 수가 없었다. 그래서 친구 녀석에게 물어봤더니, 선생님이 수련장에서 영어 시험 문제를 뽑아서 내고 있으며 자신들은 그 수련장으로 공부했다는 것이다.

'아하, 비법 아닌 비법이 있었군!' 속으로 쾌재를 불렀다. 하지만 나는 그 수련장을 사지 않았다. 공부를 잘하는 학생으로서의 자존심이라고나 할까. 선생님이 영어 시험 문제를 뽑아서 낸다는 수련장 없이도 성적이 잘 나올 수 있다는 사실을 증명해 보이고 싶었다. 그리고 어차피 시험 문제는 교과서를 기반으로 할 테니 교과서 내용을 몽땅 외워버리자고 마음 먹었다. 그렇게 영어 교과서를 달달 외우자 수련장과 상관없이 100점을 받을 수 있었다.

이렇듯 나에게 영어 공부는 수업을 열심히 듣고, 시험 범위를 모조리 외우는 것이 다였다. 그런데 친구들은 좋은 대학에 가려면 지금부터 영어 공부를 잘해야 한다며 과외도 받고, 학원에도 다니고, 참고서도 여러 개씩 사서 봤다. '그래? 그렇다면 나도 공부해야지'라는 생각에 당시 유행하던 《안현필의 영어실력 기초》를 사서 죽 봤다. 학교 영어만 하다가 참고서를 보려니 너무 어려웠다. 그래도 보고 또 보고, 또 보고 했다. 그랬더니 영어 시험 성적은 늘 톱 자리를 지킬 수 있었다.

지금은 물론 내게 영어를 배우는 학생들에게 무조건 외우라고 강요하진 않지만, 당시에는 외우는 것이 최선책이었다. 게다가 영어 외에는 다른 외국어를 강조하던 시절도 아니어서 나뿐 아니라, 대부분의 학생들이 다른 언어에 관심을 갖거나 노출될 기회가 전혀 없었다. 외국어 하면 곧 영어를 뜻하는 시대(지금도 크게 달라지진 않았지만)였기 때문에 영어만 공부하면 됐고, 게다가 영어 시험 성적이 좋게 나오니 영어가 재미있는 것은 당연했다.

고등학교에 들어가서는 대학 입시를 위해서라도 영어를 계속 공부해야 했고, 그 덕에 영어에 대한 관심도 죽 이어갈 수 있었다. 공부 방법도 달라지지 않았다. 영어를 공부하는 최선의 방법은 역시 암기라고 생각해 무턱대고 외우기만 했다. 어느 누구 하나 "영어도 하나의 언어인 만큼 이해가 먼저이다"라고 말해주지 않았고, 오히려 영어 선생님이 무조건 달달 외워야 시험 성적이 좋게 나온다며 외울 것을 강요했다. 그래서 오직 학교 성적만을 위해 외우고, 또 외웠다.

그렇게 공부해 한국외국어대학교에 들어갔다. 그나마 다행인 것은 영어에 대한 흥미와 관심이 시험 성적과 상관없이 계속 유지됐다는 점이다. 그래서 이제 영어를 본격적으로 해볼까 하는데, 갑자기 영어가 '무(無)'로 다가와 버렸다. 어느 날 갑자기 '지금까지 내가 영어를 제대로 공부한 것이 아니구나'라는 생각이 들었던 것이다. 고등학생 때까지는 문법과 읽기(reading)가 영어의 다였고, 그것들을 외우는 데 대부분의 시간을 썼다. 하지만 대학교에 들어가 영어 회화 학원에 다녀보니 그때까지 내가 공부하던 영어와는 차원이 달랐다. 영어의 기초는 회화였고, 회화부터 완전히 다시 시작해야 하는 분위기였다. 그렇다고 그때까지의 영어 공부 방식을 완전히 버렸던 것은 아니다. 읽기를 여전히 공부하되, 회화에 들이는 시간을 대폭 늘렸다.

대학생이 되니, 특히 한국외국어대학교에 들어가니 언어와 관련해 많은 선택의 길이 열려 있었다. 그래서 일본어, 프랑스어, 스페인어에 도전해봤다. 그런데 이 언어들을 가르치는 교수님들 역시 내가 중·고등학생 때 공부하던 방식과 마찬가지로 문법과 읽기를 강조하면서 무조건 외우라고만 강요했다. 사실 내가 외국어를 배우려는 이유는 문법을 알고 싶어서가 아니라, 우리말 표현이나 내 생각을 일본어, 프랑스어로 어떻게 구사할 지가 궁금해서였다. 외국어를 배우려는 사람들이 모두 그렇지 않겠는가. 그 나라 언어로 말을 하고 싶은 것이지, 문법을 분석하고 문장을 조각조각 분해해 해석하고 싶어서는 결코 아니라고 본다.

게다가 당시 나는 단순 암기에 회의를 느끼고 있던 터라 그런 방식의 언어 공부가 전혀 도움이 되지 않는다고 생각했으며, 결국 한 학기 배우고 포기해버렸다. 차라리 회화를 가르쳐주면서 그 안에 담긴 문법 형식과 내용을 하나하나 설명해주었다면 그렇게 쉽게 포기하지는 않았을 것이다. 오히려 그 나라 말이 들리고, 그 나라 말을 한 마디 한 마디 할 수 있다는 데 자신감이 붙어 더 열심히 공부했을지도 모른다. 그런데 이런 자신감이 생기기도 전에 문법 형식만으로 머릿속을 혼란스럽게 만드니 더 배우고 싶다는 생각이 들겠는가.

특히 이제 막 회화에 흥미를 느끼기 시작한 나로서는 이런 방식의 언어 학습법이 무의미하게 느껴지기까지 했다. 한마디로 동기유발이 되지 않았던 것이다. 그래서 나만의 방식으로, 내가 생각한 방법대로 영어공부에 더 많은 시간을 들였다. 사실, 처음 관심을 갖게 된 언어여서인지 영어만 공부하기에도 하루, 일주일, 한 달이 너무 짧았다.

2

영어 시험 성적이 잘 나와 열심히 공부하긴 했지만, 대학교에 들어간 뒤에도 손에서 영어를 놓지 않았고 지금까지 영어에 푹 빠져 살 수 있는 이유는 한마디로 영어가 무궁무진한 매력을 지녔기 때문이다.

영어라는 언어는 결코 멈추지 않는다. 정해진 규칙은 문법 형식밖에 없을 만큼, 늘 새롭게 변화하고 끝을 알 수 없는 다양성을 지닌다. 즉, 문법 형식은 정해져 있어도 그 내용이 무척 다양해 같은 구어체라도 상황에 따라 느낌이 달라진다. 단어 역시 상황에 따라 느낌이 무궁무진하게 변한다. 그러니 일정 시간 안에 영어를 함락하거나 정복할 수 있겠는가.

이런 다양성 때문인지 영어는 늘 새롭고 어려우며, 공부하는 사람에게 언제나 뭔가를 배울 수 있게 해준다. 그러니 영어 공부를 열심히 하는 동안에는 결코 나태해질 겨를이 없다. 영어를 잠시라도 손에서 놓으면 절대 잘할 수 없기 때문이다. 이것이 바로 영어가 가진 매력이자, 영어 공부를 끊임없이 할 수밖에 없는 하나의 자극 요소이다.

다른 언어와 영어를 구체적으로 심도 있게 비교해보지 않아 잘 모르겠지만, 일본어나 중국어를 공부한 사람들의 말에 따르면 영어보다는 더 빨리 습득되는 것 같다. 더 빨리 습득된다는 말은 일본어나 중국어의 규칙이 영어보다는 쉽게 정복되는 수준이라는 뜻일 것이다. 반면, 영어는 문법 형식만으로는 규제할 수 없는, 말하는 사람이나 글 쓰는 사람의 느낌을 담는 문법 내용이 무척 심오한 언어이다. 문법은 형식도 중요하지만, 내용이 훨씬 더 중요하다. 게다가 영어는 그 범위가 무척 방대해 다른 언어보다 훨씬 어렵게 느껴진다.

또한 영어는 층이 무척 다양한 편이다. 즉, 일상에서 쓰는 말, 비즈니스에서 하는 말, 친구들과 편하게 주고받는 말 등이 큰 차별성을 지니기 때문에 이것들을 다 섭렵하려면 엄청난 시간이 필요하다. 우리말보다 더 다양한 층을 갖고 있다고 보면 된다. 한 개 층을 제대로 이해하는 것조차 힘든데, 여러 층의 영어 표현을 동시에 공부하고 사용해야 하니 얼마나 많은 책을 읽고, 얼마나 많은 연구를 하며, 또 얼마나 많은 시간을 투자해야 하겠는가.

사실 나 같은 경우 영어를 이 정도 하면 다른 언어를 공부해도 괜찮다. 남들이 보기에도, 내가 생각하기에도 말이다. 하지만 자꾸 영어에만 관심이 가고 영어만 공부하는 이유는 영어 하나만 보기에도 시간이 부족하기 때문이다. 영화 신작이 나오면 봐야 하고, 책 신간이 나오면 읽어야 한다.

이렇게 보고 읽다 보면 그것들을 통해 내 영어 실력이 또 달라졌음을 느낄 수 있다. 그만큼 영어는 봐도 봐도 늘 새로운 것 투성이다. 게다가 나는 이렇게 달라진 영어 실력과 새로 알게 된 영어의 매력을 남에게 알려주고 다른 사람과 공유하고 싶은 성격인지라, 자료를 정리해 책을 쓰고 강의도 한다. 그러니 다른 언어를 공부할 짬이 있겠는가.

만일 영어가 상대적으로 빨리 정복되고, 빨리 잘한다는 말을 들을 수 있으며, 원어민과 빠른 시일 안에 대화가 가능한 언어였다면 매력이 떨어졌을지도 모른다. 하지만 실제 영어는 아무리 공부해도 모르는 부분이 곳곳에 도사리고 있는, 우리의 상상 이상으로 무궁무진한 언어이다. 그래서 다른 언어보다 훨씬 어려우며, 이런 점이 나에게는 매력으로 다가왔다. 한마디로, 끊임없이 보게 만드는 신비한 마력을 지닌 언어가 바로 영어이다.

3

영어를 공부할 때 회화보다 문법 형식을 먼저 배우는 경우 가장 큰 문제점은 일상생활에서 사용하는 표현조차 자꾸 문법 형식에 맞추려 한다는 것이다. 역으로 생각해, 우리가 우리말을 할 때 문법 형식을 떠올리고 거기에 맞춰서 표현을 만드는 경우는 없지 않은가. 우리도 우리말 문법을 배우긴 했지만, 먼저 말을 배운 다음에 그 말이 어떤 문법 형식으로 이뤄졌다는 사실을 배우면서 깨우치는 과정을 거쳤다. "아, 내가 이렇게 말한 것이 자음접변이었구나", "아, 모음조화 때문에 이렇게 말한 거구나"라고 깨달았듯이, 상황에 맞는 말을 먼저 배우고 나중에 거기에 적용되는 문법을 배워야 그 언어가 확 다가오는 것이다.

영어를 전혀 모르는 아이에게 영어 애니메이션 비디오를 보여주면, 아이는 어느 순간 그 애니메이션에서 나오는 영어 표현들을 이해하기 시작한다. 단순히 귀로 말만 듣는 것이 아니라, 눈으로 행동까지 보기 때문에 그 말이 어떤 상황에서 어떻게 쓰이는지를 쉽게 이해하는 것이다. 즉, 아이들은 영어 애니메이션 비디오를 보면서 "아, 이렇게 말하니까 저렇게 행동하는구나"라는 사실을 깨닫고, 비록 뜻은 몰라도 그 말에 맞는 행동을 할 수 있다.

예를 들어 "I am hungry"라는 말이 무슨 뜻인지 정확히 모르지만, 애니메이션 속 주인공이 뭔가 먹고 싶을 때 "I am hungry"라고 말하면 누군가가 밥을 준다는 사실을 이해하고, 배가 고플 때마다 그 말을 자연스럽게 사용한다. 그리고 나중에 "I am hungry"가 "배고파"라는 뜻이라는 것을 배우게 된다. 우리말도 마찬가지다. 아이가 처음부터 "배고파"라는 말이 무슨 뜻인지 정확히 알고 사용하지는 않는다. 주변 사람, 혹은 TV에서 어떤 사람이 "배고파"라고 하면 누군가 밥을 차려준다는 사실을 깨닫고 "배고파"라는 말을 사용한다. 즉, 군이 문법적으로 분석하거나 단어를 암기하는 과정 없이 자연스럽게 상황과 접목해 표현을 익히고 실생활에서 사용하는 것이다. 이런 언어 습득 과정은 우리말과 영어뿐 아니라, 세상 모든 언어가 갖는 공통점이다.

그런데 많은 사람들이 이런 언어 습득 과정은 말을 갓 배우기 시작한 아이에게만 적용될 뿐, 현재 중·고등학생에게는 통하지 않는다고 생각한다. 그래서 이 방법 말고 다른 방법은 없을까 여기저기 기웃거린다. 하지만 영어를 잘하는 데는 이 방법밖에 없다. 좀 더 극단적으로 말하자면,

우리나라 사람이 영어를 잘하기 위해서는 시험에 대비해 암기식 교육에만 치중하는 공교육에서 영어라는 과목이 없어져야 한다. 그냥 개인이 영어회화를 기본으로 배우면서 문법, 단어, 독해, 작문 등으로 확대해 나가는 것이 영어를 잘할 수 있는 가장 확실한 방법이다.

사실 요즘에는 공교육에서도 말하기(speaking)와 글쓰기(writing)를 강조하면서 듣기(listening), 읽기(reading)와 함께 영어의 전체 요소를 골고루 강화하려는 시도를 하고 있다. 하지만 여전히 문제는 남는다. 지금 학교에서 학생들에게 문제풀이를 위한 문법 중심의 암기식 교육을 하는 영어 선생님들을 싹 바꾸지 않는 이상 지금까지 해왔던 영어 수업 방식에서 크게 벗어나는 것은 불가능하기 때문이다. 게다가 입시에서는 말하기와 글쓰기, 그리고 듣기를 전혀 다루지 않기 때문에 영어의 전체적 교육은 시도조차 제대로 해보지 못하고 말로만 끝나가고 있다.

사실 외워서 나쁠 것은 없다. 외우지 않는 것보다는 훨씬 이롭다. 그래도 외우는 것이 좋은 방법은 아니라고 말하는 이유는 외우는 것보다 이해하면서 반복적으로 연습하는 것이 훨씬 효율적이고 효과도 좋기 때문이다. 그리고 이해하면 자연스럽게 외워진다.

이해하지 않고 무작정 외우려 들면 오히려 언어에 대한 거부감만 생긴다. 외워지지 않는 것을 억지로 외워야 한다면 더더욱 그렇지 않겠는가. 그리고 한 번 외운 것은 다시 거들떠보기도 싫다. 외웠는데 또다시 외우라고 하면 지겹다는 생각이 먼저 든다. 반면, 이해한 뒤 반복적으로 연습한 경우에는 어느 순간 자연스럽게 외워졌음에도 또다시 읽게 된다. 그렇게 해도 절대 지겹거나 따분하다는 생각이 들지 않는다. 그래서 오래 가고, 오래 가는 만큼 활용 기회도 많아질 수밖에 없다.

다시 한 번 강조하지만, 언어를 익히는 가장 좋은 방법은 암기가 아니라 이해이다. 그리고 언어는 물론, 어떤 분야에서든 달인이 되려면 반드시 무한 연습이 필요하다. 예전에 어느 TV 프로그램에서 무도 달인들에게 그 경지에 오른 방법을 묻자, 그들 모두 한결같이 똑같은 행위를 반복적으로 연습해 달인이 될 수 있었다고 대답했다. 즉, 어떤 동작으로 이렇게 칠 경우 상대방의 힘을 역이용해 많은 힘을 쓰지 않고도 쓰러뜨릴 수 있다는 사실을 이해했다면, 누군가와 맞닥뜨렸을 때 습관적으로 그 동작이 나올 수 있도록 반복적으로 연습한다는 것이다.

예를 들어, 격파 달인에게 어떻게 하면 격파를 잘할 수 있느냐고 묻자, 그는 근육을 만들면 된다고 대답했다. 손등으로 10년 넘게 격파를 한 그의 손등은 사람 손등이라고 할 수 없었다. 잔인해 보일 정도였다. 그래도 그는 그것이 군살이 아니라 근육이라고 말했다. 왜냐하면 군살은 통증을 느낄 수 없지만, 자기는 평상시 손등에 충격이 가해지면 통증을 느끼기 때문이라고 했다. 하지만 격파할 때는 기합을 넣으면서 근육에 정신을 집중하기 때문에 통증 없이 격파에 성공할 수 있다는 것이다. 한마디로, 근육이 생길 만큼 격파를 반복적으로 무한 연습함으로써 격파 달인이 될 수 있었다고 한다.

무술뿐 아니라, 세상의 모든 달인들은 반복 연습을 통해 그 자리에 오를 수 있었다. 언어도 마찬가지다. 우리가 우리말을 잘하는 이유는 허구한 날 우리말만 하기 때문이다. 그런데 영어를 공부할 때는 반복 연습이라는 가장 중요한 노력을 전혀 하지 않은 채 오직 잘하고 싶다는 생각만 한다. 그리고 어떤 사람은 "해도 해도 안 돼요"라고 말하는데 뭐가 해도 해도인가, 하지도 않았으면서.

　무작정 암기한 내용을 반복 연습하라고 하면 나 같아도 지겨울 것이다. 하지만 이해한 내용을 반복 연습하는 것은 차원이 다른 문제이다. 영어문법과 단어를 무작정 암기하겠다는 생각을 버리고, 지금부터는 그것 자체를 이해하기 위해 노력해보라. 물론 영어를 이해하는 과정에는 반드시 좋은 선생님이 필요하다. 혼자 영어문법과 단어를 이해하고 반복 연습한다는 것은 무척 어려운 데다, 시간도 많이 걸리기 때문이다. 그런데 문제는 그런 좋은 선생님이 우리나라에는 너무 적다는 점이다.

**영어시장에서
글쓰기로 승부하다, 하지만...**

4

　지금 같은 시대에는 영어회화가 그리 중요하지 않을 수도 있다. 사람이 직접 만나서 일이 성사되는 경우보다 글로 일을 진행하고 마무리하는 경우가 더 많아졌기 때문이다. 게다가 페이스북이나 트위터에 자기 글을 올려 친구를 만들거나, 외국 회사에 팩스와 이메일을 보내 사업 계약을 성사시키는 일도 많아졌다.

　이처럼 발 빠른 국제화 시대에는 얼굴을 마주 보면서 일하는 것보다 자기 책상에 앉아 서류를 주고받으며 일을 진행해 나가는 것이 더 효율적이면서도 적합한 방법이다. 그렇다면 영어로 말하기보다 영어로 글을 쓸 줄 아는 능력이 더 필요할 수 있다. 즉, 쓰기(writing)가 그 어느 때보다 중요해진 것이다.

하지만 여전히 쓰기보다 말하기(speaking)를 강조하는 이유는 말하기를 못하면 쓰기를 제대로 할 수 없기 때문이다. 즉, 회화를 잘하지 못하면 절대 읽기(reading)를 할 수 없고, 읽기를 제대로 못하면 고급 정보를 습득할 수 없는 데다, 쓰기 실력도 결코 향상되지 않는다.

그렇다면 왜 회화를 못 하면 읽기와 쓰기가 안 되는 것일까. 쉽게 설명하면, 일단 문장은 문법과 단어로 이루어진다. 그리고 문법은 형식은 물론 감정과 내용을 갖고 있으며, 단어는 일차적 의미와 함께 속뜻도 지닌다. 이런 것들이 모두 그대로 담긴, 즉 생생하게 살아 있는 문장을 입으로 뱉어서 서로 주고받는 것이 바로 회화이다. 이런 회화를 통해 우리는 자신의 생각이나 느낌을 남에게 전달하는 것은 물론, 그 언어가 가지는 특성도 정확히 배우게 된다.

회화가 사람의 생각이나 느낌을 말로 표현하는 것이라면, 글은 문자로 표현하는 것이다. 단, 문자로 표현된 저자의 감정선을 따라가기 위해선 그 글에 사용된 문법의 형식이나 단어의 일차적 의미보다 문법의 감정과 내용, 단어의 속뜻을 이미 알고 있어야 한다. 그것을 모르면 저자의 의도나 감정선을 따라가기가 쉽지 않으며, 글의 의도를 잘못 이해하는 경우가 종종 생긴다. 따라서 문자보다는 말로 주고받는 회화를 통해 문법이 가진 감정과 내용은 물론, 단어의 속뜻까지 미리 알고 있어야 글을 읽을 때도 느낌을 팍팍 전달받을 수 있다. 이것이 바로 회화가 안 되면 읽기도 안 되는 결정적 이유이다. 또한 말로 감정을 표현하는 방법을 익히지 못한 사람이 어떻게 글쓰기를 통해 자기 감정을 다른 사람에게 전달할 수 있겠는

가. 이것은 전혀 불가능한 일이다.

　이런 학습 과정이 무척 중요한데도 사람들은 이것을 무시한 채 회화 단계를 건너뛰고 무작정 읽기나 쓰기 단계에 들어가 문법의 형식과 단어의 일차적 의미에만 죽어라 매달린다. 그러니 영어가 어렵게 느껴질 수밖에 없고, 자꾸 벽에 부딪히다 보니 읽기와 쓰기는 물론, 회화까지 쉽게 포기해버리는 것이다. 어떤 사람은 시중에 떠도는 어이없는 공부 방법에 혹하고, 그것을 맹신해 시간만 버린다. 안타깝게도 이런 일은 내가 영어 공부를 시작했을 당시보다 지금이 더 심각한 것 같다.

　간혹 영어 말하기와 읽기가 밑바탕이 되지 않은 상태에서 쓰기를 잘하려면 어떻게 해야 하는지를 묻는 사람이 많다. 사실 시중에 나와 있는 영어 글쓰기 교재가 대부분 그런 사람을 겨냥한 것들이며, 영어 문장을 문법 형식에 짜 맞춰 만드는 내용으로 되어 있다. 그러다 보니 많은 사람들이 문법 형식에 맞춰 문장을 만드는 것이 영어 글쓰기라고 착각한다. 하지만 그것은 결코 글쓰기가 아니다.

　예를 들어, 영어 글쓰기 초급 교재를 살펴보면 대부분 "오늘 아침에 일찍 일어났다", "우리 3시에 만나자" 같은 짧은 문장을 영어로 표현하는 방법에 대해 설명하고 있다. 그러면서 주어, 동사, 보어, 목적어를 설명한다. 이때 빠지지 않고 등장하는 설명이 영어와 우리말은 어순이 다르다는 것이다. 그래서 주어, 동사, 보어, 목적어라는 어순을 반드시 암기해야 한다고 강조한다. 하지만 이런 식의 설명과 해설은 절대 있어서는 안 된다. 영어는 우리말이 아니다. 외국어이다. 우리말도 아닌 다른 나라 말을 그저 문법 어순에 맞추어 우리가 마음대로 만들어낼 수 있다고 생각하는가. 이런 말도 안 되는 논리를 내세우니, 틀려도 좋으니까 두려워 말고 영어를 무조건 많이 사용하라는 어처구니없는 말까지 자랑스럽게 떠들 수 있는 것이다.

"오늘 아침에 일찍 일어났다", "우리 3시에 만나자" 같은 단문, 특히 일상생활에서 활용 가능한 구어체 단문은 우리가 문법 형식에 맞추어 마음대로 만들어낼 수 있는 것이 아니다. 우리는 그저 원어민들이 실제로 사용하는 표현을 찾아내 익히고 그대로 사용해야 하는 처지이다. 우리는 그들 말을 배우는 외국인일 뿐이니까 말이다. 그리고 이것이 영어 공부의 전부이다.

따라서 글쓰기 초급 교재는 문법 형식에 맞추어 영어 문장을 만드는 방법을 진리인 양 제시해서는 안 된다. 우리말과 영어를 일대일로 비교하면서 영어 문장을 이루는 문법과 단어의 정확한 의미를 이해하는 데 필요한 설명들을 반드시 포함하고 있어야 한다. 그리고 이렇게 익힌 문장들을 논리적으로 나열할 수 있도록, 즉 문장과 문장이 어떻게 연결되어야 자기 생각이나 감정을 일관되게 전달할 수 있는지를 가르쳐야 한다. 이 논리적인 연결을 위해서는 문법과 단어에 대한 정확한 이해가 절대적으로 필요하다. 여기에 자연스럽게 구어체와 문어체의 경계선에 대한 설명이 덧붙여져야 한다. 그렇게 해서 짧은 한 단락을 완성할 수 있도록 유도하기까지가 글쓰기 초급 교재에서 다룰 수 있는 범위이다.

글쓰기는 문장 하나를 만드는 연습이 아니다. 원어민에 의해 이미 완성도가 갖추어진 문어체와 구어체 문장들을 적절히 섞어 가며 자기 이야기를 풀어나가는 것이 바로 글쓰기이다. 상대방을 글 쓰는 사람의 의지대로 설득하기 위해 하나의 스토리, 즉 이야기를 전개해 나가는 과정인 것이다. 그러므로 영어로 글을 쓰려면 다른 것은 논할 여지없이, 자기 생각을 정확히 표현할 수 있는 풍부한 어휘력은 물론, 문법의 감정과 내용, 단어의 속뜻을 제대로 이해하는 수준에 올라야 한다. 게다가 많은 지식도 갖춘 상태여야 비로소 글쓰기를 해낼 수 있다.

간혹 영어를 공부하는 과정에서 지식 쌓기를 등한시하는 사람이 있는데, 지식이 없는 사람은 글쓰기를 제대로 할 수 없다. 이것은 우리말에서도 마찬가지다.

예를 들어, 평상시에 이런저런 이야기를 재미있게 잘하는 회사원이 있다고 해보자. 그에게 상사가 기획안을 A4 4장 분량으로 정리해 제출하라고 했다. 그런데 그는 평소 수박 겉핥기식의 지식으로 떠든 것이라 어떤 사안에 대해 깊이 아는 바가 없다. 그래서 인터넷에서 찾고, 남에게 물어서 기획안을 제출하지만, 상사의 마음에 들 리 없다. 게다가 이런 사람은 대부분 문장력도 형편없어서 그나마 알고 있는 내용도 A4 한 장에 채 정리하지 못한다.

주위를 한 번 둘러보라. 문장력이 좋아서 우리말로 글을 잘 쓰는 친구나 동료가 몇 명이나 있는가. 거의 대부분 말로는 잘해도 글로 쓰라면 어려워할 것이다. 이렇듯 글쓰기는 누구나 어려워하는 부분인데, 하물며 외국어로 글을 쓰는 것은 어떻겠는가. 그러니 쓰기가 중요해진 시대인 만큼 글쓰기를 먼저 배우겠다고 서두르기보다 글쓰기는 맨 마지막에 해야 하는 고급 학습 단계라고 생각하자. 그래야 마음 편히 영어 학습 단계를 차근차근 밟아나갈 수 있을 테니 말이다.

또 하나, 일기 쓰기가 곧 영어 글쓰기 공부라고 주장하는 사람들이 있다. 그럴 수도 있지만, 꼭 그런 것만도 아니다. 일기는 보통 자기 일과를 적는 것으로, 오늘 무엇을 했고, 누구와 어디에 다녀왔다는 식의 내용이 주를 이룬다. 그러다 보니 사실을 나열하는 문장이 연속으로 나올 가능성이 크며, 이것은 자칫 단순한 회화 문장의 나열에 그칠 수도 있다. 바꾸어 말하면, 영어 회화를 웬만큼 하는 사람은 영어 일기 정도는 가볍게 쓸 수 있다는 뜻이다. 하지만 이런 일기 문장을 글쓰기라고 규정짓기에는 많이 부족하다. 사실 글쓰기는 특정 주제에 대한 자기 생각을 펼쳐나가는 것이기 때문이다.

말이 나온 김에 참고로, 지금 영어를 배우면서 영어 일기를 쓰기 시작한 아이들에게 문법적으로 틀린 문장을 어떻게 교정해주면 좋을지 살펴보자. 아이들은 말로 할 때는 곧잘 정확한 영어를 구사하면서도 그것을 글로 옮기라고 하면 엉뚱하게 적는 경우가 많다. 특히 문법 형식에 취약하다. 그렇다고 아이들을 책망하면서 문법 형식을 강요하는 것은 바람직하지 않다.

아이들이 일기를 쓸 때 가장 흔하게 저지르는 문법 실수 가운데 하나가 바로 be동사의 활용이다. 특히 'is'와 'are'를 혼동하는 경우가 많다. 그렇다고 아이에게 그 차이에 대해 구구절절 설명할 필요는 없다. 그럼 오히려 문법에 대한 반감만 생길 뿐이다. 그냥 단순하게 아이가 잘못 쓴 부분을 빨간색 색연필로 고쳐주기만 하면 된다. 나중에 또 틀려도 반복적으로 똑같이 잡아주기만 한다. 이렇게 문법 형식을 일일이 설명하는 '지적'이 아닌, 생활 속에서 자연스럽게 이루어지는 '교정' 방식을 따른다면 아이는 문법에 대한 부담이나 두려움 없이 실수를 줄여나갈 수 있다. 그럼 결과적으로는 글쓰기 공부를 위해 일기를 쓰는 것이 아니라, 흔히 범할 수 있는 실수를 줄여나가기 위해 일기를 쓰는 것이라는 사고 전환이 이루어진다.

반면, 중·고등학생이나 대학생이 영어 일기를 쓰는 것은 영어 학습에 전혀 도움이 되지 않는다. 이미 문법 형식과 단어를 잘못 배운 상태이기 때문에 뭐든지 정해진 틀에만 맞춰 넣으려 하기 때문이다. 이들에게는 일기 쓰기보다 오히려 좋은 영어 문장을 베껴 쓰고 이해하면서 외우는 편이 훨씬 도움이 된다.

어떤 연령대에서든 근본적인 영어 학습법은 이해와 반복 연습이며, 가장 중요한 것은 회화이다. 회화를 정확하게 못하는 사람이 문법 형식만 따로 공부해 쓰기를 할 경우 상대방에게 오해를 살 수도 있다. 자기는 그럴 의도가 아니었는데, 상대방이 오해하는 경우가 생기곤 하는 것이다.

예를 들어 will과 be going to가 있으면, 모두 '미래'의 뜻으로 알고 있다. 그래서 "I am going to attend the meeting"이라고 하면 "나 그 미팅에 참석할 거야"라고 해석한다. 하지만 이 문장의 정확한 해석은 "나는 진작부터 그 회의에 참석하려 생각하고 있었어"이다. 그런데 이렇게 해석을 해주면 "어, 생각하고 있었어라고 하면 과거잖아요"라고 말하는 사람들이 있다. 그렇지 않다. 표면적 미래는 '참석하려'에 있고, 내면적 의도는 '이미 그런 미래의 의도를 과거부터 갖고 있었다'가 되어 결국 미래를 나타내는 문장이 되는 것이다.

시중에 나와 있는 영어 교재들을 보면 be going to는 '과거에 이미 정해진 미래와 확실한 미래', will은 '즉흥적인 미래와 불확실한 미래'라고 설명해 놓았다. 이 설명이 무슨 뜻인지 애매해 선생님에게 물어보면 대부분 대답을 얼버무린다. 명확히 구분하지 못하기 때문이다. 명확히 구분하지 못하면 어떻게 활용하고, 또 상대방을 어떻게 설득할 수 있겠는가. "I am going to attend the meeting"과 "I will attend the meeting"의 의미를 명확히 구분해 말로도 표현하고, 글로도 쓸 수 있어야 하지 않겠는가.

"I will attend the meeting"에서 will은 앞에서도 말했듯 '즉흥적인 미래'이다. 그래서 이 문장에는 원래 참석할 생각이 없었는데 상대방에게 설득 당해 참석해 보겠다는 느낌이 담겨 있으며, "그럼 회의에 참석해볼게"가 정확한 해석이다. 반면, 처음에는 회의에 안 간다던 사람이 이쪽에서 막 설득하니까 "I am going to attend the meeting"이라고 말했다면, 상대방은 속으로 '장난하나? 방금까지 안 간다던 사람이 진작부터 가려 했다고? 어, 이 친구 봐라'라며 오해할 수 있다. be going to가 '과거에 이미 정해진 미래와 확실한 미래'를 뜻하기 때문이다. 이 경우 상대방은 그 사람이 헛소리만 한다고 생각해 다시 만나고 싶지 않을 것이다.

이렇게 문법의 감정과 내용을 정확히 이해하지 못해서 생기는 오해는 무수히 많다. 이것이 우리끼리면 그나마 괜찮지만, 나라와 나라 사이에 생기는 문제라면 우리나라는 하루아침에 바보나 사기꾼 나라가 될 수 있는 것이다.

말도 중요하지만, 특히 글을 쓰는 사람은 문장 하나하나에 정확한 문법의 감정과 내용, 단어의 속뜻을 담을 수 있는 실력을 갖추어야 한다. 역으로 말하면, 문법의 감정과 내용, 단어의 속뜻을 정확히 이해한 사람만이 영어 글쓰기를 할 수 있는 것이다. 그런 점에서 회화와 읽기라는 밑바탕을 배제한 채 쓰기를 초급, 중급으로 나눠 공부하고 가르치는 것은 어불성설이며, 시중에 나와 있는 교재로 쓰기 공부를 한다는 것은 시간만 낭비하는 의미 없는 짓이다. 돈과 시간을 버리는 무모한 짓을 더 이상 하지 않길 바란다.

5

　사실 나는 지금까지 영어를 잘하기 위해 의식적으로 어떤 것을 해야지 마음먹고 한 적은 없다. 그냥 자연스럽게 과정들을 거쳐 온 것 같다. 앞에서도 말했지만, 대학교에 들어가자마자 중·고등학교에서 배운 영어를 버리고 회화를 시작했다. 그러자 시간이 지나면서 느껴지는 것이 달랐다. 회화를 해보니 '아, 어렵구나', '진짜 힘들구나'라는 생각이 갈수록 많이 들었다. 남들보다 영어를 더 잘하는 것보다 외국인과 대화할 때 막힘 없이 말하는 것이 개인적으로 더 중요한 목표였는데, 그게 참 힘들었다.

　경험해보니, 이런 막힘을 해결하는 방법은 바로 '지식'이었다. 지식이 없으면 대화가 결코 되지 않는다. 이 사실을 깨달은 뒤부터는 영어공부를 하면서 마음속에 '영어 원서를 많이 읽어 정보화된 사람이 되어야겠다'라는 각오가 자연스럽게 자리 잡았다. 그런데 영어원서를 읽을 때마다 막히는 부분이 너무 많아 내가 제대로 읽고 있는 것인지 자꾸 의문이 들었다. 대충 해석하고 넘어가는 것은 아닌지라는 생각이 들어 불안하기도 했다.

회화를 많이 연습해 외국인과 어느 정도 대화가 가능할 때 대화 범위나 내용을 확장하려고 영어원서 읽기에 도전해보면 알겠지만, 정말 모르는 것 천지이다. 완전 지뢰밭이다. 그런데 지나고 보니, 이런 느낌 자체가 공부를 많이 하고 있다는 증거이기도 하다. 공부를 안 하면 이런 느낌이 들리 있겠는가. 대충대충, 슬렁슬렁, 대강 넘어가기만 하면 자신이 잘하고 있다는 착각에서 벗어날 수 없다. 그럼 영어 실력 향상이나 발전은 꿈조차 꾸지 말아야 한다.

특히 다른 사람에게 영어를 가르치다 보면 명백해지는 사실이 있다. '나도 의미를 정확히 모르면서 설명하고 있구나'라는 부분이 많아지는 것이다. 영어를 공부하면 할수록 문법과 단어를 정확히 이해하지 못한 채 그저 피상적으로만 알고 있었다는 사실을 뼈저리게 느끼게 된다. 그러면서 괴로워지기 시작한다. 그런 상태로 강의를 하면 뭔가 찜찜하다. 이런 찜찜함을 느끼지 못하는 선생님은 영어공부를 하나도 안 하는 사람이다. 나는 개인적으로 그 찜찜함을 어떻게 해결할 지가 늘 고민이었다.

개인적으로 한동안 고민에 빠졌던 영어 의문문에 대한 비밀이 있다. 영어 선생님은 보통 의문문 형태를 가르치면서 주어와 동사를 도치시키라는 말과 함께 일반 동사가 나오면 do동사를 활용해 의문문을 만들라고 설명한다. 그런데 어느 순간 평서문에 의문부호만 붙여도 의문문이 된다는 사실을 알았고, 그때 무척 혼란스러웠다. 그렇다면 이 두 가지 형식의 의문문에는 어떤 의미 차이가 존재하는 것일까. "Are you hungry?"와 "You're hungry?"를 어떻게 해석해야 옳을까. 둘 다 "너 배고프니?"라고 해석한다면 두 가지 형태의 의문문이 존재할 필요가 없지 않을까.

이런 궁금증은 많은 영어 소설책을 읽고 그 속에서 접한 수많은 대화들을 통해 말끔히 해결할 수 있었다. 주어와 동사를 도치한 완전한 의문문 형태는 전혀 몰라서 질문할 때 사용하는 것이고, 평서문에 의문부호만 붙이는 형태는 어느 정도 확신한 상태에서 확인 차 질문할 때 사용하는 것이라는 점이 달랐다. 그래서 "Are you hungry?"는 "배고프니?"로 해석하고 "You're hungry?"는 "너 배고픈가 보구나?"로 해석하는 것이 옳다. 마찬가지로 "You work out?"이라고 하면 상대방의 몸이 좋아진 것을 보고 확인 차원에서 "너 운동하냐?"라고 묻는 것이고, "Do you work out?"이라고 하면 그냥 "(운동하면 좋다는데) 너는 운동하니?"라고 묻는 말이다.

이처럼 영어를 공부하면서 궁금해지고 알고 싶은 내용이 생길 때마다 누군가가 자세히 설명해주면 좋은데, 내 주변에는 그럴 만한 사람이 전혀 없었다. 그러다 보니 영어를 공부하면 할수록 수많은 의문점이 꼬리를 물었다. 이것을 해결하는 방법은 책과 잡지를 무지하게 많이 읽는 것이었다. 책과 잡지를 볼 때는 문장 하나하나를 꼼꼼히 읽으면서 정독을 해야 한다. 학습자 처지에서 속독은 바람직하지 않다.

개인적으로 영어와 관련한 궁금증을 해결하는 또 다른 수단은 바로 영화였다. 물론 영화를 단순히 보는 것으로 끝내선 안 된다. 영화에 나오는 대사들을 구해 중요한 내용들을 추린 뒤 그것들을 완전히 소화하는 작업을 반드시 거쳐야 한다.

여기에서 하나 주의할 점은 책이나 영화에서 좋은 문장과 대화를 선별하는 능력은 회화 실력에서 나온다는 점이다. 즉, 회화 실력을 갖춘 사람은 누가 가르쳐주지 않아도 문장이나 대화에서 인물들의 오묘한 관계는 물론, 영어 문법과 단어가 전하는 느낌까지 정확히 파악할 수 있다. 회화 실력이 밑바탕을 이루면 영어와 관련된 세계들이 자연스럽게 다가오는 것이다.

크리스틴 하나(Kristin Hannah)의 소설 《Winter Garden》에 나오는 대화를 예로 들어보자.

A : Will you be home for dinner?
B : Aren't I always?
A : Seven o'clock.
B : By all means.

이 대화를 보고 이것이 얼마나 중요한 내용을 담고 있는지 심각하게 생각하는 사람은 많지 않을 것이다. 어느 누가 "Will you be home for dinner?"를 반드시 알아야 할 중요한 문장으로 지목하겠는가. 대부분의 사람은 'Will you~?'를 '부탁'할 때 쓰는 구문이라고 암기하고 있다.

하지만 이 문장은 '부탁'과는 거리가 멀다. 그저 조동사 will이 갖는 '불확실한 미래'의 의미를 갖는 구문이다. 그리고 be home을 무작정 come home과 같다고 말하는 사람도 있다. 그렇지 않다. come home은 '집에 오다'이고, be home은 '집에 와 있다'라는 뜻이다. 그렇다면 "Will you be home for dinner?"를 어떻게 해석할 것인가. 일반적으로 "당신은 저녁을 위해 집에 있을 거야?'로 해석할 것이다. 우리말로 해석했으되, 아무 의미도 전달하지 못하는 무의미한 우리말 해석이다. 한마디로, 엉터리 해석인 것이다.

  "Will you be home for dinner?"는 "혹시 당신 집에 와서 저녁 먹을 거예요?"가 정확한 해석이다. '혹시'는 will이 불확실한 미래라서 추가된 우리말이다. 이처럼 회화가 정확히 자리 잡지 못하면 "Will you be home for dinner?"의 활용과 그 중요성을 전혀 인식할 수 없다. 그 다음에 나오는 "Aren't I always?"를 보고도 올바른 해석은 뒷전인 채 늘 '부분부정'이라는 문법 용어만 떠올린 텐가. "내가 언제는 집에서 밥 안 먹었어?"가 옳은 해석으로, 이렇게 해야 부분부정의 정확한 의미를 전달할 수 있다. 또한 우리는 "By all means"를 늘 "그렇게 하세요"라고만 외웠다. 하지만 여기에서는 "그럴게"라고 해석해야 옳다.

  이렇듯 영어에서는 회화 단계를 무시한 편법이 통하지 않으며, 우리가 외운 문법 형식만으로는 그 뜻을 다 이해할 수 없다. 그래서 정해진 과정을 열심히 노력하면서 따르는 것이 영어를 정복할 수 있는 가장 확실한 방법이다. 한마디로, 정통적인 방법을 따라올 편법은 결코 존재하지 않으며, 정통이 곧 차별화 전략인 셈이다. 정통이라고 해서 어렵게 간다는 것이 아니라, 기본을 착실하게 닦는다는 뜻이다. 박태환 선수가 수영을 잘하는 이유는 천부적인 폐활량에 무수한 연습과 자세 교정 훈련이 있었기 때문이다. 박태환 같은 수영 선수에게 끝없는 훈련 외에 특별한 방법이 뭐가 있겠는가. 약물이라는 비정상적인 방법 외에는 특별할 편법이 없기에 박태환 선수는 정통적인 방법에 따라 차근차근 실력을 쌓고 있는 것이다. 내가 강조하는 영어 학습법도 가장 평범하고 어찌 보면 쉬운 방법이다. 하지만 아무도 그렇게 하지 않기 때문에 고만고만한 영어 실력에서 벗어나지 못하는 것이다.

극진공수도 창시자이자 47마리의 황소와 싸운 최배달(본명 최영희) 씨의 아들이 인터뷰한 것을 본 적이 있다. 그가 아버지에게 "어떻게 하면 소뿔을 부러뜨릴 수 있습니까?"라고 물었다고 한다. 그랬더니 아버지가 "팔굽혀펴기를 엄지손가락으로만 100개 이상 하고, 엄지와 약지로 동전을 구부릴 수 있어야 하며, 턱걸이를 할 때 새끼손가락만 사용해 허리까지 올라와야 하는 등 5가지를 해낼 수 있어야 한다"고 대답했다는 것이다. 이에 아들이 "아버지는 그렇게 하셨습니까?"라고 묻자, "했으니까 소뿔을 부러뜨릴 수 있지"라고 대답했다고 한다. 이렇게 목표가 있으면 꼭 거쳐야 하는 단계라는 것이 있다. 즉, 최배달 씨가 말한 5단계를 거치지 않으면 소뿔을 부러뜨릴 수 없는 것이다. 바꿔 말하면, 소뿔을 맨손으로 부러뜨리고 싶은 사람은 편법이 아닌, 최배달 씨가 말한 5단계 훈련 과정을 반드시 거쳐야 한다.

인터뷰 중간에 최배달 씨의 아들은 아버지에 대해 "최선을 다한다는 말을 싫어하셨습니다. 목숨을 건다는 말을 좋아하셨지요. 최선을 다하겠다고 말하는 사람은 이미 한 발짝 뒤로 물러설 준비를 하고 있는 사람이라고요. 그런데 세계적인 거부 도널드 트럼프가 아버지와 똑같은 말을 했더군요. 최선을 다하지 말고 목숨을 걸라고요. 깜짝 놀랐지요"라고 말했다.

내가 말하는 영어 학습법도 특별한 것이라기보다 반드시 밑바탕을 이루어야 하는 정상적인 방법이며, 최선을 넘어 악착같이 파고들어야 원하는 결과를 얻을 수 있다. 그런데 어떤 사람은 10단계까지 가야 하는데 2단계에 멈춰 서서는 스스로 영어를 잘한다고 생각해 학생들을 가르치기 시작한다. 그럼 순식간에 영어 실력이 바닥을 드러낸다. 공부를 끊임없이 하지 않으면 그냥 바닥이나 마찬가지다. 그래도 이런 사람이 꾸준히 강의를 할 수 있는 이유는 그보다 영어를 못하는 사람이 계속 강의를 들으러 오기 때문이다. 간혹 영어 실력을 재충전할 시간이 필요하다고 느끼는 사람은 중간에 유학을 가거나 대학원에 들어가기도 한다. 하지만 이것도 꾸준한 공부가 바탕을 이루지 않으면 아무 의미 없는 짓이다.

다시 한 번 강조하지만, 영어를 공부하는 데 특별한 비법은 없다. 있을 수가 없다. 정통적인 과정을 밟아 나가면 거의 1년 단위로 영어 실력이 바뀐다. 회화를 1년 하면 한 단계 올라간다. 이때 다급하게 생각해서는 안 된다. 그렇게 꾸준히 공부하면서 또 1년이 지나면 다시 한 단계 상승한다. 2년차에서는 회화 공부에 단어와 읽기 공부를 병행해야 한다. 이런 식으로 4년 정도 공부하면 영어 틀이 조금 잡힌다. 비록 조금 잡히는 정도이지만, 우리나라에서는 다른 사람보다 월등히 잘하는 수준이다.

4년? 그렇다면 하루에 얼마큼씩 공부하면서 4년을 보내란 말인가. 하루에 5시간은 잡아야 한다. 그렇게 4년을 공부하면 남과는 비교도 안 되게 잘할 수 있다. 하지만 일반 성인이 하루에 5시간씩 공부하기란 거의 불가능한 일이다. 그렇다면 하루에 1시간씩만 공부한다고 생각해보자. 그럼 20년을 공부해야 하루에 5시간씩 4년 공부한 효과를 얻을 수 있다. 20년? 누가 들어도 입이 딱 벌어질 시간이다. 겁부터 먹을 시간이다. 하지만 생각해보라. 1년 뒤, 2년 뒤, 5년 뒤, 10년 뒤 똑같은 고민으로 신세 한탄할 바에는 차라리 지금 시작해 몇 년이고 열심히 해보는 것이 낫지 않겠는가.

한마디로, 투자한 시간만큼 결실을 본다고 생각하면 된다. 그래서 처음에는 자기와의 싸움일 수밖에 없다. 하지만 일정 수준에 올라서면 즐기면서 할 수 있으니, 지레 겁먹지 않길 바란다.

영어로
열풍의 핵이 될 수 있다

6

대한민국은 지금 영어 열풍, 아니 광풍이다. 취업을 앞둔 대학생은 물론, 유치원생, 심지어 엄마 배 속에 자리한 순간부터 영어를 듣고 익혀야 하는 것이 지금 대한민국에서 살아가는 사람의 현실이다. 영어를 배우지 않으면, 그리고 영어를 어느 수준 이상 하지 못하면 불안해지는, 그야말로 총성이 들리지 않는 전쟁터를 방불케 한다. 그래서인지 지금도 수많은 사람이 영어 학원에 다니고, 외국으로 연수나 유학을 떠나며, 셀 수 없이 많은 영어 교재들이 쏟아지고 있다. 이렇게 전쟁터 같은 대한민국 영어 시장에서 그래도 영어를 해야 하고 또 할 수밖에 없는 가장 근본적인 이유는 바로 고급 정보를 습득하기 위해서이다(대학 입학이나 취업은 부차적인 이유일 뿐이다).

세상은 그야말로 눈이 핑핑 돌 정도로 빠르게 변하고 있다. 스마트시대에 맞는 발 빠른 정보에 둔감하거나 그것을 조금이라도 등한시한 사람은 2~3년만 지나면 바로 퇴출 대상 1호가 되어 있을 것이다. 이런 세상에서 자신의 목표를 지키고, 리더가 되며, 자신이 원하는 생활을 해나가기 위해서는 고급 정보가 필요하다. 즉, 누군가와 대화할 때, 어딘가에서 새로운 뉴스를 접했을 때, 사적·공적 대화 자리에서 상대방의 이야기를 이해해야 할 때 고급 정보는 훌륭한 무기가 된다.

그런데 이 고급 정보는 영어로 가장 빠르게 전 세계에 퍼진다. 세계 곳곳에서 일어나는 시위나 세계 유가 상승 같은 소식들이 해당 국가의 언어가 아닌, 영어로 가장 빠르게 전 세계 사람들에게 전달되는 것이다. 독일, 스페인, 프랑스에서 어떤 논문이나 연구 결과가 나와도 영어로 가장 먼저 바뀌어 전 세계에 소개된다. 물론 그것들이 우리말로 번역되는 데도 그리 오랜 시간이 걸리지 않는다.

하지만 빠르게 우리말로 번역되어 올라오는 소식들을 보면 단편적인 내용이 많고, 그 와중에 오역도 즐비하다. 언어가 가지는 뉘앙스 차이를 제대로 이해하지 못한 결과인 것이다. 만일 친구나 직장동료들과 함께한 술자리에서 기자들이 우리말로 대충 번역해 놓은 기사 내용을 마치 사실인 양 떠들어대는 사람이 있다면, 올바른 영어 뉘앙스를 설명하면서 그 의미를 바로잡아 줄 수 있는 정도의 영어 실력은 갖추어야 하지 않겠는가.

이렇듯 현대 생활에 꼭 필요한 고급 정보를 습득하기 위해서는 많은 영어 자료들을 읽어야 하는데, 이때 한쪽으로 편중되는 것은 바람직하지 않다. 영자신문의 경우 〈코리아 타임스〉, 〈코리아 헤럴드〉만 봐서는 안 된다. 지금 같은 스마트시대에는 미국 신문, 영국 신문들을 한 데 모아 놓은 애플리케이션을 활용하면 큰 도움이 된다. 새로운 자료들을 손쉽게 찾을 수 있는 것은 물론, 최신 정보를 발 빠르게 파악할 수 있기 때문이다. 잡지, 영화, 소설도 마찬가지다. 미국 자료, 영국 자료 가리지 말고 폭넓게 찾아 읽어서 고급 정보와 지식을 습득하는 것이 바람직하다.

인터넷 곳곳에서 찾을 수 있는 이런 자료들을 충분히 활용한다면 굳이 유학을 가지 않아도 영어를 잘할 수 있다. 물론 유학을 가면 현지인 교수의 강의를 듣고, 현지인 친구를 사귄다는 장점이 있지만, 강의 자체를 이해하는 것이 버거워 낙오하는 사람도 많다. 게다가 한국인 친구들만 사귀면 결코 영어를 잘할 수 없다. 그럴 바에는 우리나라에서 좋은 영어 학원과 영어 관련 애플리케이션을 활용하는 것이 훨씬 효율적이다. 이렇게 고급 정보를 습득하는 것이 영어를 공부하는 수동적인 자세라면, 남을 이끄는 능력을 키우는 것은 능동적인 자세라 할 수 있다. 즉, 영어로 된 고급 정보를 습득하는 데 그치지 않고, 영어로 자기 의견과 생각을 다른 사람에게 설명해 그들을 설득할 수 있어야 진정한 리더 자리에 오를 수 있는 것이다.

리더가 되고자 하는 사람은 영어 회화를 기본으로 해야 하지만, 그렇다고 유창한 회화 실력에 목을 맬 필요는 없다. 어떤 사실을 호소력 짙게 전달할 정도의 회화 실력만 있다면 그 다음은 지식과 고급 정보를 얼마나 갖추었느냐가 관건이다. 단, 고급 정보는 우리말 자료보다 영어 자료에서 찾아 그 뉘앙스까지 정확히 이해하고 있어야 한다. 그래야 자기 생각이나 의견을 세계에 소개할 때 충분한 설득력을 지닐 수 있다. 그 방법이 논문이든, 프레젠테이션이든 상관없이 말이다.

영어를 잘한다는 것은 결국 국제적으로 놀 수 있는 기반을 갖췄다는 의미이다. 만일 자신의 활동 범위가 일본 쪽이라면 일본어를 우선시해야겠지만, 일본인도 대부분 최신 정보나 지식을 영어 자료에서 입수하기 때문에 그들과의 경쟁에서 앞서려면 영어는 선택이 아닌, 필수일 수밖에 없다.

다시 한 번 강조하지만, 한글을 사용하는 우리나라에서 굳이 영어를 공부해야 하는 이유는 단지 토익 점수를 잘 받기 위해서가 아니다. 영어를 통해 고급 정보를 습득하고, 대화나 프레젠테이션을 통해 자신이 어느 정도의 지식과 정보를 갖추고 있는지를 세계인에게 알리기 위해서이다. 영어를 잘하는 사람이라는 인식을 남에게 심어줄 수만 있다면 지금 자리에서 도약하는 것은 시간문제이다. 영어를 잘한다는 이유만으로 승진이 수월하고, 어느 정도 잘하는지도 정확히 모르면서 회사에서는 출장을 보내주는 것은 물론, 바이어와의 미팅 자리도 주선해준다. 영어 실력이 출중하지 않아도 남들보다 좀 더 나은 실력을 갖췄다는 사실만 입증할 수 있다면 이렇게 대우가 달라지는 것이다. 이럴 때 거기에 안주하지 않고 진짜 실력을 쌓기 위해 시간을 투자하는 사람은 스마트시대, 정보화 사회, 국제화 시대에 어울리는 훌륭한 리더가 될 수 있다.

PART
2

🦉

영어,
우습게도 어렵게도 보지 마라

모든 영어가 "Hello"처럼 편하게 입 박으로 나오려면, 영어를 공부하는 과정에서 문법의 감정과 내용, 그리고 단어의 속뜻을 이해하고 그 이해한 내용이 입에서 반사적으로 나올 수 있도록 끊임없이 읽기 연습을 해야 한다.

1

학교나 유치원, 또는 학원에서 처음 영어를 배울 때 선생님이 원어민이라면 영어로 대화를 시작한다. 비록 100퍼센트 다 이해하지는 못하더라도, 원어민 선생님의 얼굴 표정과 동작을 직접 눈으로 보면서 그의 현재 감정을 이해하고, 이런 감정에서는 이런 말을 쓰는구나라는 사실을 깨달을 수 있다.

아이들에게 영어 애니메이션 비디오를 보여줘도 마찬가지다. 아이들은 주인공의 동작과 표정, 입에서 나오는 말들을 조합해 그 장면을 이해한다. 설령 정확히 이해하지 못하더라도, 주인공의 동작을 흉내 내면서 말도 똑같이 따라하곤 한다. 그러다가 엄마에게 그 말이 무슨 뜻인지를 묻는다. 이때 엄마는 아이가 영어 대사를 이해해서 따라하는 것이라고 생각하지만, 그렇지 않다. 아이는 영어 대사를 이해하고 따라하는 것이 아니라, 애니메이션 주인공이 어떤 동작을 하면서 그 말을 했기 때문에 주인공의 동작을 똑같이 흉내 내면서 무의식중에 말도 따라하는 것이다.

이것이 바로 모국어 습득 과정과 똑같은 영어 학습법이다. 예를 들어, 엄마에게 "배고파"라고 하면 엄마가 밥을 주기 때문에 그 말을 하는 것이지, 처음부터 "배고파"가 무슨 뜻인지를 알고 사용하는 것이 아니다.

그런데 우리는 영어를 이런 식의 언어 습득 방법으로 배우고 있지 않다. 영어도 우리말과 같은 하나의 언어라는 사실을 망각한 채 알파벳 또는 파닉스(Phonics)라고 해서 문장이 아닌 어휘(단어)를 읽는 방법(발음)만 억지로, 작위적으로 외우고 있다. 그리고 이 단계가 지나면 문법을 배운다. 내가 영어를 처음 공부하던 시절부터 지금까지 변함없이 1형식, 2형식, 3형식을 배우고, 현실에서는 전혀 써먹을 수 없는 문장들로 가득한 책을 문법적으로 분석하느라 애쓴다. 즉, 예나 지금이나 활자를 늘어놓은 채 발음만 외우고, 원어민이 만들어놓은 문장을 1형식, 2형식으로 자꾸 분석한다. 그리고 암기한 문법 형식이 진리인 양 그것에 맞춰 영어 문장을 만들어낸다. 원어민이 그런 문장을 들으면 속으로 비웃는다는 사실도 모른 채 말이다. 이런 방식으로 영어를 공부하는 사람은 원어민이 이런 '뜻'에서 이런 말을 했다고 배우는 것이 아니라, 이 말은 이런 '형태'로 되어 있다는 사실만 배우는 것이라서 영어 실력이 늘 제자리일 수밖에 없다.

이런 공부 방식은 영어 문장과 말을 바닥에 평면으로 깔아놓은 뒤 해석하는 식으로 이뤄지기 때문에 문장이나 말에 담긴 감정을 이해하는 것이 불가능하다. 살아 있는 영어를 죽은 언어로 만드는 학습법인 것이다. 그냥 활자만 익히고 말 거라면, 굳이 그렇게 열심히 공부할 필요가 있겠는가. 활자를 익히는 것은 단순 암기 실력만으로도 충분한데 말이다.

이런 방식으로 영어를 공부한 사람은 영어를 한마디도 할 수 없다. 단어를 외울 때도 영어사전에 나온 일차적 의미만 머릿속에 집어넣기 때문에 그 단어가 문장이나 대화 속에서 저자 또는 말하는 사람의 감정을 어떻게 역동적으로 표현하는지를 전혀 깨닫지 못한다. 그러니 대화가 막히는 것은 기본이고, 자기 감정을 제대로 전달하지 못해 오해를 사기도 한다. 게다가 이런 사람은 중간에 영어 공부를 포기한 채 영어는 역시 어렵다는 불평만 늘어놓을 가능성이 높다. 이것이 바로 평면적 영어 학습법의 가장 큰 병폐이다.

평면적 영어 학습이란 한마디로 영어를 언어가 아닌, 단순 활자로만 보는 방식이다. 예전에도 그랬지만, 지금도 여전히 영어 교육 현장에서는 이런 평면적 영어 학습법으로 학생들을 가르치고 있다. 즉, 현장에 있는 영어 선생님들이 입체적 영어 학습법을 접하거나 실천해본 적이 없기 때문에 학생들에게도 자신이 공부했던 문법 형식 위주의 평면적 영어 학습법을 그대로 주입하고 있는 것이다. 이런 경우 영어 선생님은 학생들보다 영어라는 활자를 좀 더 많이 본 사람일 뿐, 결코 영어를 잘하는 사람이라고 할 수 없다. 학생이나 영어 선생님이나 그만그만한 실력인 것이다. 그렇다면 평면적 영어의 반대 개념인 입체적 영어란 무엇일까.

하나의 언어를 말하고 듣기 위해서는 입체적으로 받아들이는 과정이 중요한데, 여기에서 입체적이라는 것은 100퍼센트 감정이 살아 있는 언어를 뜻한다. 이는 언어를 화려하게 구사하라는 뜻이 아니라, 그 언어가 담고 있는 감정을 정확히 이해하라는 의미다.

모든 언어는 문장으로 되어 있다. 그리고 문장은 문법이라는 뼈대를 갖고 있다. 그렇다면 이 문법을 구조적으로 세워 문장을 만들려면 무엇이 필요할까. 바로 단어이다. 즉, 이 단어들이 문법이라는 뼈대를 통해 정렬하고 정돈되어 하나의 문장을 만드는 것이다. 그런데 우리는 이 원리를 잘못 이해해서 단어와 문법을 각각 외운 뒤 그것들을 짜 맞추기만 하면 문장이 된다고 생각한다. 이는 앞에서도 말했듯이, 문법의 형식과 단어의 일차적 의미만을 강조하는 평면적 영어 학습법으로, 문법의 감정과 내용, 단어의 속뜻을 이해하는 입체적 학습법과는 상충한다.

문법의 형식과 단어의 일차적 뜻만으로 문장을 완성할 수는 있다. 하지만 이런 문장에는 감정이 배제되어 있어 죽은 언어가 되어 버린다. 즉, 자신이 아는 문법 형식에 자신이 아는 일천한 뜻의 단어를 연결해 문장을 만드는 것이기 때문에 원어민이 현지에서 사용하는 표현과는 완전히 거리가 멀 수밖에 없다. 이러한 정체 모를 영어로는 자기 감정을 전혀 전달할 수 없다.

영어를 잘한다는 것은 자기 감정을 제대로 표현한다는 뜻이지, 엉뚱한 소리를 마구 뱉어낸다는 의미가 아니다. 한 마디를 하더라도 자신의 분노나 기쁨을 적절히 표현할 수 있어야 한다. 이것이 바로 입체적 영어이자,

우리가 목표로 해야 하는 영어 학습이다.

한국 땅에서 입체적 영어를 습득하려면 엄청난 노력이 필요하다. 그런데 만일 주변에 입체적 영어를 정확히 가르쳐줄 선생님이 없다면, 아이가 엄마 아빠의 표정과 동작을 통해 말을 배우듯 수없이 많은 책과 영화를 통해 영어 표현의 감정을 익혀야 한다. 이 과정에는 반드시 도구가 필요하다. 가장 좋은 도구는 바로 '영영사전'이다.

옛날의 영영사전과 지금의 영영사전은 많이 다르다. 옛날에는 이 단어는 무슨 뜻이라고만 설명되어 있었다면, 지금은 그 단어들을 쉽게 풀어서 이야기처럼 설명하고 있다. 즉, 이런 상황에서 이 단어를 쓰면 이런 뜻을 전달하게 된다는 식으로 풀어서 이야기하고 있는 것이다.

그런데 영영사전에 나오는 설명을 정확히 이해하기 위해서는 회화 실력이 뒷받침되어야 한다. 기본적으로 영어 문장에 담긴 감정을 흡수할 수 있는 능력을 갖추고 있어야 한다는 뜻이다. 만일 이제 막 영어 공부를 시작한 초급자가 영영사전을 본다면 모르는 것이 너무 많아 '영한사전'을 다시 뒤져야 하는 번거로움만 겪을 뿐이다. 그럼 영어가 또다시 어렵게 느껴질 수밖에 없다. 회화 실력은 사전을 보는 데도 필수 요소인 셈이다.

입체적 영어 학습에서 가장 중요한 것은 문법의 감정과 내용, 단어가 가진 속뜻을 제대로 이해하는 일이다. 우리는 일반적으로 문법이라고 하면 단순히 형식만 떠올리는데, 문법에도 감정과 내용이 있으며 이것에 따라 말의 의미가 팍팍 달라진다. 그리고 단어는 일차적인 뜻만 중요한 것이 아니라, 그 안에 담긴 속뜻이 말하는 사람의 생각이나 감정을 나타내는 데 더 유용할 수 있기 때문에 단순히 암기하는 것만으로는 입체적 영어를 구사할 수 없다. 문법의 내용과 감정, 단어의 속뜻을 정확히 이해하고 제대로 표현할 수 있어야 비로소 입체적 영어가 가능한 것이다.

이 정도 수준에 이르면 영어로 원어민에게 감동을 줄 수 있으며, 그들도 놀라움을 금치 못한다. 자주 만나서도, 함께 술을 마셔서도 아닌, 짧은 시간 안에 정확한 영어를 구사함으로써 '아, 이 사람과는 대화가 좀 되겠는걸'이라는 느낌을 전달하는 것, 이것이 바로 영어 공부를 하는 1차 목적이 되어야 하지 않겠는가.

단, 입체적 영어가 한 번 됐다고 해서 끝나는 것은 아니다. 그 순간부터 끊임없이 책과 영화를 보면서 표현에 담긴 감정들을 계속 이해하고 자기 것으로 만들어 나가야 한다. 물론 영어 실력이 어느 수준에 올라서면 처음처럼 힘들이지 않고도 자연스럽게 감정들을 이해할 수 있다.

영어를 처음 공부하는 사람이든, 일정 기간 공부해온 사람이든 먼저 마음을 비우고 영어를 제대로 공부해야겠다는 마음가짐이 필요하다. 그런 다음 입체적 영어를 가르쳐줄 수 있는 선생님에게 정확한 영어를 배울 필요가 있다. 물론 영어를 포함해 모든 언어는 궁극적으로 혼자 끊임없이 공부해 나가야 실력을 키울 수 있다.

그런데 단어는 '영영사전'의 도움을 받아 혼자 충분히 공부할 수 있지만, 문법은 그렇지 않다. 누군가가 이 문법에는 이런 감정이 담겨 있다고 설명해줘야 비로소 느낌이 오기 때문이다. 하지만 우리나라에는 영어 문법의 감정과 내용을 설명해 놓은 책도 없거니와, 그런 책이 나와도 다들

보려 하지 않을 것이다. 왜? 그 책이 영어 시험에서 좋은 성적을 얻는 데 별 도움이 되지 않는다고 생각할 테니까.

Plus 1 · 형식이 아닌 감정을 읽어야 한다.

문법의 내용과 감정이 무엇인지를 이해하기 위해 몇 가지 예를 살펴보자. 우리는 수동태를 배울 때 가장 먼저 'be+동사의 과거분사'라는 형식을 외웠다. 그리고 외운 형식에 맞춰 수동태 만드는 법을 익혔다. 그런데 이것이 전부이다. 왜 수동태를 써야 하는지, 수동태를 쓰면 어떤 느낌을 전달할 수 있는지에 대해서는 배운 적이 없다. 막연하게 '수동'이니까 '당하다'라는 느낌으로만 해석하면 된다는 잘못된 지식만 머릿속에 담고 있다.

수동태가 갖는 의미의 핵심은 '동사의 과거분사'에 있다. 과거분사는 형용사 구실을 하며, 형용사는 주어의 상태를 말할 때 쓴다. 결국 과거분사를 통해 만들어지는 수동태는 주어의 상태를 말하기 위해 필요한 것이다. 즉, 주어가 이미 어떤 상태에 놓여 있음을 말하는 것으로, 이것이 수동태의 진정한 의미이자 수동태가 갖는 감정이다.

원래 be동사 다음에는 "She is beautiful"처럼 형용사가 나온다. 그런데 형용사는 상태를 나타낼 뿐 동작이나 시제의 뜻을 담고 있지 않다. 그래서 때로는 밋밋한 느낌마저 든다. '형용사가 움직임이나 시제의 뜻을 담을 수는 없을까'라는 고민 끝에 탄생한 것이 바로 '분사'이다. 분사를 우리말로 이해하기란 쉽지 않다. 분사는 영어로 participle로, '공유하다'라는 뜻이다. 접두어 part는 '부분'을 의미하고, 어근인 ciple은 share, take와 같은 말로 '가져오다'라는 뜻이다. 따라서 participle, 즉 분사는 동사의 의미에서 일부분을 가져오고 형용사의 의미에서도 일부분을 가져왔다는 뜻이 되어 동작과 시제, 그리고 상태의 의미를 모두 포함하는 것이다.

현재분사에는 '진행' 시제와 함께 주어의 움직임과 상태가 동시에 포함되어 있다. 예를 들어 'sleeping child'에서 sleeping은 명사인 child를 꾸미고 있기 때문에 형용사임에 틀림없다. 하지만 분명 동사 sleep에서 파생한 어휘이다. '아이가 지금 자고 있다'는 동작 '진행'의 느낌과 지금 자고 있는 '상태'라는 형용사의 느낌을 동시에 포함하는 어휘가 sleeping이다. '자고 있는 아이', 즉 'sleeping child'라는 어휘를 듣거나 보게 되면 sleeping을 통해 지금 자고 있는 아이의 모습이 영상으로 떠오를 수밖에 없다. 이것이 바로 입체 영어이자, 감정이 살아 있는 영어이다.

과거분사는 '과거에 이미 이루어진 상태'를 뜻한다. 과거시제와 상태를 동시에 포함하는 것이다. 움직임이 이미 과거에 끝났으므로 과거분사에서는 동작을 찾을 수 없다. 그저 과거의 상태만 있을 뿐이다. "The building was built 10 years ago"는 '그 건물이 10년 전에 이미 지어진 상태'임을 뜻한다. is built든, was built든 be동사의 시제와 상관없이 built는 이미 '과거에 지어진 상태'를 의미하는 것이다. 이것이 바로 과거분사가 갖는 감정이고 느낌이다.

과거분사가 쓰이는 또 하나의 문법 형식으로 현재완료가 있다. 'have+ 동사의 과거분사'가 우리가 잘 알고 있는 현재완료의 형태이다. 우리는 현재완료의 의미를 '과거부터 현재까지 계속되는 동작이나 상태'로 배웠다. 현재에 완료되는 것이니까 그런 의미를 갖는 것이라고 우격다짐으로 외워버렸다. 하지만 이는 현재완료를 잘못 이해하고 있는 것이다. 위에서 동사의 과거분사는 '이미 과거에 동작이 끝난 상태'임을 말한다고 했다. 그 상태와 have를 연결해 '이미 과거에 동작이 끝난 상태를 지금까지 가지고 있다'라는 뜻을 전달하는 것이 바로 현재완료이다. 그래서 '과거부터 현재까지 계속'이라는 말이 나온 것이다. 정확히 말하자면, 현재완료는 과거의 시점이 명확하지 않을 때 그저 과거의 상태만을 말하기 위해 사용한다. 그것이 현재완료에 대한 입체적 이해인 것이다.

이런 문법의 내용을 알고 있으면 영어 문장을 접하거나 원어민의 말을 들을 때 느낌이 팍팍 오게 된다. 분사를 한자로 '分詞'라고 쓰고 설명해봤자 그 의미를 제대로 이해하기는 어렵다. 왜 '나눌 분(分)' 자를 써놓았는지 바로 떠오르지 않기 때문이다.

그런데 이런 식으로 문법을 설명해주면 대부분의 학생은 "뭣 하러 그렇게 배워요? 시험에도 안 나오는데"라는 반응을 보인다. 알고 보면 하나도 복잡하거나 어려운 내용도 아니고 오히려 영어 공부에 훨씬 도움이 되는데도, 그저 빨리 외워서 시험 점수를 잘 받고 영어 공부를 끝내고 싶은 마음에 귀담아 듣지 않는 것이다. 이런 사고방식 때문에 우리나라에서는 영어가 단편적, 평면적 상태로 머물 수밖에 없다. 이 단계를 뛰어넘어 풍요로운 느낌의 입체적 영어를 구사할 수 있는 환경이나 상황이 전혀 안 되는 것이다.

또 다른 문법 내용의 예로, 현재시제의 입체적 느낌이 과연 무엇을 뜻하는지 살펴보자. 학생이 선생님에게 "I go to school"과 "I am going to school"의 차이를 물어보면 거의 대부분의 선생님이 정확하게 대답하지 못한다. 대부분 전자를 "나는 학교에 간다", 후자를 "나는 학교에 가고 있다" 정도로 해석한다. 그렇다면 '간다'와 '가고 있다'는 무슨 차이일까. 같은 뜻이라면 굳이 현재형과 진행형을 구분해 놓지는 않았을 것이다.

시중에 나온 영어 교재들을 보면 현재시제는 변하지 않는 진리, 규칙, 습관을 말할 때 사용한다고 설명해 놓았는데, 이 설명 자체를 이해하기가 어렵다. 게다가 예로 드는 문장들이 대부분 "I wake up at 6 o'clock in the morning(나는 아침 6시에 일어난다 : 습관)"이나 "The earth moves around the sun(지구는 태양 주위를 돈다 : 진리)", "Water boils at 100℃(물은 100℃에서 끓는다 : 진리)" 등이며, 이것으로 현재시제에 대한 설명은 끝이다. 이렇게 확장이 불가능한 문장으로 영어를 공부하니 영어 실력이 늘 수 있겠는가.

다양한 예를 통해, 그것도 실생활에서 직접 사용할 수 있는 구체적인 예를 통해 현재시제의 느낌을 알아야 한다. 현재시제는 늘 일어나는 일을 표현한다. 즉 어제, 오늘, 내일 변함없이 일어나는 일을 말할 때 현재시제를 쓰며, 습관과 직업이 여기에 해당한다. 그래서 현재시제는 '평소에, 늘'

이라는 말을 붙여서 해석하면 좋은 경우가 많다. "I go to school"은 "나는 눈만 뜨면 늘 학교에 간다", 즉 "나는 학생이다"라는 뜻이다. 반면, "I am going to school"은 학생인 내가 지금 학교에 가고 있는 행위를 나타낼 뿐이다.

"What do you do?"가 무슨 뜻인지를 물으면 대부분 "직업이 뭐니?"라고 대답한다. 외웠으니 뜻을 아는 것은 당연하다. 이때 구체적으로 "What do you do?"에 직업이라는 단어가 없는데 어떻게 "직업이 뭐니?"라고 해석할 수 있느냐고 다시 물으면, 원어민들이 그렇게 쓰니까 알고 있어야 하는 게 당연하지 않느냐는 헛소리만 해댄다.

그렇게 막연하게 외워서는 안 된다. "What do you do?"가 "직업이 뭐니?"라는 뜻을 갖게 된 이유는 단어 때문이 아니라, 현재시제 문법이 갖는 의미 때문이다. 이 문장을 풀어 쓰면 "What do you do for a living?(생계를 위해 무엇을 하고 있니)"이 되는데, for a living이 없어도 현재시제라는 문법 때문에 "너는 평소 무엇을 하니?", 즉 "직업이 뭐니?"라는 뜻으로 사용할 수 있는 것이다.

그렇다면 "The child never stops cry"는 무슨 뜻일까. 대부분 "그 아이는 절대 울음을 멈추지 않아"라고 해석할 것이다. 하지만 정확하게는 "그 아이는 평소 한 번 울면 끝장을 본다"라는 뜻이다. 현재시제를 모르면 결코 해석할 수 없는 문장이다. "It happens" 역시 마찬가지다. 보통 "그것은 발생한다"라고 해석할 수 있다. 발생한다? 무슨 뜻이지? 그냥 발생한다고……. 그렇다면 우리말로 "그것은 발생한다"라는 표현을 써본 적이 있는가. 이런 표현은 결코 쓸 일이 없다. 이 문장 역시 현재시제로 '늘, 일반적으로'라는 말이 들어가야 한다. "그런 일은 늘 일어나는 거야(뭐, 그런 걸 갖고 마음 아파하니). 너한테만 일어나는 게 아니야"라는 뜻이 되는 것이다.

이렇게 몇 문장만 정확히 해석해준다고 현재시제를 다 알 수 있느냐, 그것이 또 그렇지 않다. 현재시제 문장이 나올 때마다 현재시제의 느낌이 머릿속에서 팍팍 살아나야 하는데, 그러기 위해서는 수없이 많은 현재시제 문장을 보면서 이해하고 깨닫고 활용해야 한다. 가장 좋은 것은 앞에서도 언급했듯, 이런 문법의 내용과 감정을 설명해주는 선생님에게 영어를 배우는 것인데, 대한민국에는 그런 선생님이 거의 없다. 대부분의 선생님이 영어 문법의 내용과 감정을 전혀 모르기 때문이다. 아니, 문법의 내용과 감정이 무슨 뜻인지조차 모르는 선생님이 태반일 것이다.

시중에 나온 영어 교재도 마찬가지다. 희한하고 말도 안 되는 예문들을 잔뜩 실어놓은 뒤 대중에게 사라고 유혹하는 책들을 보면 혀가 절로 끌끌 차진다. 예를 들어, go to의 활용을 설명하기 위해 "나는 은행에 간다"라는 뜻으로 "I go to the bank"라는 문장을 써놓고, 진행형을 만들고 싶으면 "I'm going to the bank"라고 하면 된다고 설명한다. 하지만 "I go to the bank"는 "나는 은행에 간다"가 아니라 "나는 늘 은행에 가는 사람, 즉 은행원이다"라는 뜻이다.

이렇게 중요한 현재시제의 문법 내용이 우리 머릿속에는 하나도 없는데다, 영어 교재들도 정확한 해석과 설명을 해주지 않는다. "I sing"이라고 써놓고 "나는 노래한다"라고 해석해 놓는 식이다. 이제 감이 오지 않는가. 이 문장은 "나는 가수이다"라는 뜻이다.

요즘 학생들 사이에서 인기 있는 어떤 영어 교재를 보니 "I drink coffee / I can drink coffee / I must drink coffee / I have to drink coffee"라는 예문이 마구 나오고, 그 밑에 "나는 커피를 마신다 / 나는 커피를 마실 수 있다 / 나는 커피를 마셔야 한다"라고 해석을 죽 적어 놓았다. 이 해석만 봐도 저자의 영어 실력을 단박에 알 수 있다. 이런 식으로 해석을 달아놓은 저자는 영어를 전혀 못하는 사람이라고 봐도 무방하다. "I drink coffee"는 "나는 시간만 나면 커피를 마신다"로, "나는 커피를 잘 마셔"라는 뜻이다. 그리고 "I can drink coffee"는 "나는 커피를 마실 수 있다"가 아니라, "나 커피 마셔도 돼"라는 뜻이다. "너 속이 안 좋아서 커피 못 마신다고 했잖아?" "어, 어제까지는 그랬는데, 오늘은 마셔도 돼"라고 할 때 "I can drink coffee (today)"라고 하는 것이다.

그럼 "I must drink coffee"라는 말은 언제 사용할 수 있을까. 조동사 must는 '법'과 '규칙'을 이야기할 때 사용한다. 만일 어떤 게임에서 지는 사람은 벌칙으로 무슨 일이 있어도 커피를 마셔야만 한다면 "I must drink coffee(나는 커피를 마셔야만 한다)"라는 문장을 쓸 수 있다.

그런데 영어 교재에 실린 이 문장들을 보고 든 의문 하나! 왜 굳이 그런 일반적이지 않은 상황에서나 사용하는 무의미한 문장들을 예로 든 것일까. 왜 그런 효용가치가 떨어지는 문장을 통해 must의 의미를 가르쳐야 했을까. 그 저자의 의도를 정말 모르겠다.

또 하나의 예로, "영어 할 줄 아세요?"를 영어로 바꿔보자. 미국인은 흔히 "Do you speak English?"라고 말하는데, 우리는 대부분 "Can you speak English?"라고 배웠다. 물론 "Can you speak English?"도 맞긴 하지만, 이 말은 '능력', '가능성'의 뜻까지 포함한다. 즉, "너는 영어로 말할 때 무지 떠는데, 오늘은 안 떨고 잘할 수 있겠니?"라는 뜻도 담고 있는 것이다. 그에 비해 "Do you speak English?"는 현재시제로 쓰였기 때문에 "평소에, 늘 (영어를 쓸 상황이 되면) 영어를 말합니까?"라는 느낌을 전달해 "영어 할 줄 알아?"라는 뜻으로 활용하는 것이다.

이렇듯 동사의 현재형을 쓸 경우와 조동사를 쓸 경우 그 의미가 우리의 생각과 많이 달라지는데, 이런 사실을 대부분의 사람이 모르고 있다. 사실 모르고 싶어서 모르겠는가. 정확히 알려주는 선생님이 없고 친절하게 설명해 놓은 교재도 전혀 없으니 어찌 보면 모르는 것이 당연하다. 다시 한 번 강조하지만, 문법의 내용 및 감정을 아는 것이 입체적 영어를 익히는 가장 기본이자 근간이다. 그런데 이런 기본조차 닦을 수 없는 우리나라 영어 교육 환경이 참으로 답답할 뿐이다.

Plus 2 · 단어를 입체적으로 익히기

문법과 마찬가지로 단어에도 형태가 있다. 하지만 단어의 핵심은 역시 뜻이다. 여기에서 뜻이란 원초적인 속뜻을 가리킨다. 속뜻을 모르면 단어를 결코 정확히 쓸 수 없다.

대부분의 영어 선생님이 영어 글에서는 앞에 한 번 사용한 단어를 뒤에 반복해서 쓰지 않으며, 그 대신 같은 의미의 비슷한 단어로 바꿔 쓴다고 설명한다. 이것은 모두 헛소리다. 영어 원서나 잡지들을 보면 앞에 나온 단어가 또 나오고 또 나오는 경우가 허다하다. 이 경우 그 단어가 최적의 선택이어서 다른 말로 대치할 수 없었던 것이다.

그런데 그때그때마다 단어를 달리하고 싶을 때가 있다. '중요하다'고 할 때도 important만 계속 쓰면 표현이 지루하게 느껴진다. 게다가 "That is important"라고 하면 왜 중요한지는 설명하지 않은 채 "그냥 중요하다"고만 강조하는 것이다.

'중요하다'고 할 때 crucial이라는 단어가 나온 것을 본 적이 있는가. "That is crucial"이라고 하면 듣는 사람의 자세가 달라진다. "네가 이 일을 안 하면 네가 잘리든지, 우리가 망하든지 할 테니 반드시 해야 하는 중요한 일이다"라는 뜻이기 때문이다. 이 말의 어근 crux는 cross, 즉 '십자가'라는 뜻이다. 예수가 십자가에 못 박혀 죽느냐 사느냐의 기로에 섰듯이 "이 일은 무척 중요하다"라는 뜻을 담고 있다. 따라서 "That is crucial"이라고 하면 그 느낌이 팍팍 다가와야 한다.

영어 단어의 어원을 공부하는 학생들이 많은데, 어원을 알면 그냥 좋겠지라고 막연하게 생각해서는 안 된다. 그 단어가 어떤 속뜻을 갖고 있는지를 100퍼센트 이해하는 데 어원만큼 도움이 되는 것도 없다.

우리는 happy라고 하면 그냥 '행복하다'라는 뜻으로만 알고 있다. 그래서 happy가 들어간 모든 문장을 무조건 '행복하다'라고만 해석한다. 정말 큰일이다. happy의 속뜻은 '기분이 좋다'이다. 그리고 그 좋은 기분의 바닥에는 '다행이다'라는 느낌이 깔려 있다. 여기에서 파생해 '행복하다', '만족스럽다'라는 해석이 가능한 것이다. "I'm happy to meet you"를 "나는 당신을 만나서 행복하다"라고 이해하면 틀리다. "당신을 못 만날 줄 알았는데 이렇게 만나게 되어 정말 다행이고, 또 기분이 좋다"라고 해석해야 정확하다. "I'm happy to meet you"를 "I'm glad to meet you"와 같다고 말하는 사람도 있다. 하지만 전혀 같지 않다. happy와 달리 glad는 '대단히 기쁘다'라는 느낌이다. 그래서 "I'm glad to meet you"를 "이렇게 만나게 되어 정말 기쁩니다"로 해석하는 것이다.

감기에 걸린 사람이 있다. 다음 날 만나서 "How are you feeling today?(몸은 좀 어떠니)"라고 물어보니까 "I'm feeling much better(많이 나았어)"라고 대답한다. 그 말을 듣고 "정말 다행이네요"라고 하고 싶다면 "I'm happy to hear that"라고 표현한다.

또 하나, "I am happy with him"을 "나는 그 사람과 행복하다"라고 해석하면 영 이상하다. 이 문장은 "나는 그와 사이가 좋다"라는 뜻이며, 속뜻은 "다행히 사이가 좋다"이다.

터무니없이 쉽다고 생각했던 단어 happy의 예에서도 알 수 있듯이, 단어의 속뜻을 이해한다는 것은 영어 전체를 이해하는 데 결정적 구실을 한다.

단어 속뜻에 대한 이런 설명을 영어를 처음 배울 때, 아니면 중학교 영어 수업시간에 선생님이 해준다면 얼마나 좋겠는가. 입체적 영어를 위해서는 문법의 감정과 내용, 단어의 속뜻을 반드시 익혀야 한다. 하지만 혼자서 할 수 있는 일이 아니다. 영어는 1년 정도 선생님에게 철저히 교육받아야 효과를 볼 수 있다. 영어를 진짜 잘하는, 제대로 하는 선생님에게서 말이다.

Plus 3: 영어를 못할 수밖에 없는 이유

입체적 영어를 못하거나 그 개념조차 이해하지 못하는 사람이 쓴 영어 교재를 보면 단박에 그 저자의 실력을 가늠할 수 있다. 영어를 다룰 능력이 안 되는 사람이 쓴 교재의 경우, 설명할 부분은 설명하지 않고 엉뚱한 내용만 짚고 넘어가는 경우가 허다하다. 단어와 숙어의 일차적 의미만 언급하고 넘어가느라 정작 중요한 부분은 놓치고 가는 것이다.

이런 교재들을 보면 정말 미칠 노릇이다. 교재를 그딴 식으로 쓰면 학생이나 저자나 수준이 뭐가 다른가. 단어의 일차적 의미는 인터넷에 널려 있을뿐더러, 전자수첩이나 스마트폰에서도 얼마든지 찾을 수 있다. 영어를 공부하는 사람에게 필요한 것은 실생활에서 직접 사용할 수 있고, 영어의 매력도 충분히 느낄 수 있는 생생한 문장들과 그것들에 대한 올바르면서도 정확한 설명이다. 그런데 정작 현실에서는 무엇이 활용 가능한 문장이고 활용 가치가 없는 문장인지를 구분조차 못하는 사람들이 영어 교재를 쏟아내고 있어 가슴 아플 따름이다.

단편적인 예를 하나 들어보자. 어떤 선생님이 "영어로 말할 때는 'I'm'

이라고 축약하지만, 글에서는 'I am'이라고 써야 한다"라고 설명했다. 그러자 학생이 "왜요?"라고 질문했고, 선생님은 "영어에서는 원래 그렇게 한다"라고만 대답했다. 그 선생님은 그렇게 대답할 수밖에 없었을 것이다. 왜? 모르니까. 하지만 실제로는 축약형을 쓰는 이유, 생략하는 이유가 다 있다. 그런 이유들을 거품인 양 다 걷어낸 채 결과만을 놓고 설명하니 영어가 평면적, 단편적일 수밖에 없지 않겠는가. 이것은 마치 영어를 전혀 공부한 적 없는 사람이 알파벳만 조몰락대며 앉아 있는 꼴과 마찬가지다.

대화는 '의미 전달'이 최우선이다. 그래서 의미 전달에 별 영향을 주지 않는 단어들은 생략, 또는 축약한다. 하지만 글에서는 문장 뼈대의 노출을 중요하게 여긴다. 문장을 완벽하게 구성하는 데 있어 중요하지 않은 요소는 하나도 없는 것이다. 그래서 생략이나 축약은 글에서 용납되지 않는다. I'm과 I am의 차이도 바로 그런 연유에서 생겼다. 이 차이를 모르는 사람은 단연코 영어 교재를 쓸 자격이 없다.

문법의 감정과 내용, 단어의 속뜻을 이해하면서 입체적 영어를 제대로 공부한 사람은 회화에도 자연스럽게 눈이 뜨이고, 영어 원서를 읽으면 글 내용이 머릿속에 팍팍 들어온다. 결국 영어 회화와 읽기를 잘하려면 문법의 감정과 내용, 단어의 속뜻을 정확히 이해하고 있어야 하는 것이다. 그것들이 기초를 이루지 못하면 읽기는 고사하고, 원어민에게 자기 생각조차 제대로 말하지 못하는 수준에 머물 수밖에 없다. 글쓰기의 경우에도 말을 할 줄 아는 사람이 적절한 문법과 단어를 사용해 자기 생각이나 감정을 표현하는 것이므로, 문법의 감정과 내용, 단어의 속뜻을 기본적으로 이해하고 있어야 원하는 수준의 글쓰기를 해나갈 수 있다.

이것을 역으로 정리해보면, 영어로 글을 쓰고 원서를 읽기 위해서는 먼저 말을 할 줄 알아야 하며, 말을 하기 위해서는 문법의 감정과 내용, 단어의 속뜻을 완벽하게 이해하고 있어야 한다. 한마디로 입체적 영어만이 회화와 읽기, 쓰기 능력을 향상시킬 수 있는 것이다.

예를 하나 더 들어보면, 원어민과 대화하면서 should를 써야 하는지, must를 써야 하는지, have to를 써야 하는지 고민될 때가 있다. 그중 어떤 단어를 쓰느냐에 따라 상대방의 반응은 확 달라진다. 말하는 사람이 정확한 문법이나 단어로 말하지 않으면, 듣는 사람의 반응은 전혀 엉뚱하게 나타나기도 한다.

우리는 이 세 개 단어를 거의 같은 뜻으로 배웠고, 지금도 그렇게 배우고 있다. 즉 "You must take a taxi"와 "You should take a taxi", 그리고 "You have to take a taxi"가 모두 같은 뜻이라고 배웠지만, 이 말을 들은 상대방의 반응은 완전히 달라진다. 우리는 이 세 개 문장을 모두 "너 택시를 타야 돼"라고 해석해 왔다. 절대 같을 수 없는 각 문장의 의미를 우리 멋대로 하나로 통합해버린 것이다.

must는 그것이 법이고 규칙이기 때문에 반드시, 100퍼센트 그렇게 해야 한다는 뜻을 갖는다. 그래서 "You must take a taxi"라고 하면 "너는 걸어서도, 버스를 타서도, 지하철을 타서도 안 되며 반드시, 무조건 택시를 타야 돼"라는 뜻을 전달한다. 만일 어느 위치까지 어떻게 가야 하는지를 묻는 원어민에게 이렇게 대답했다면 그는 엄청난 혼란에 빠질 것이다. 말하는 사람이 의도하지 않았던 혼란을 조동사 must라는 잘못된 선택으로 만들어낸 것이다.

같은 상황에서 "You should take a taxi"라고 말한다면 "택시를 타는 게 좋을 거예요"라는 뜻을 전달한다. should는 '의무'가 아니라 '권유'의 의미를 갖는다. 그리고 "You have to take a taxi"라고 하면 "당연히 택시를 타야지"라는 뜻이다. 지금은 '네가 택시를 탈 수 밖에 없는 상황'이라는 것이다. have to는 '당위성'은 물론, '어쩔 수 없이 그렇게 해야 한다'라는 느낌도 포함한다. '의무'도 '권유'도 아닌 '어쩔 수 없는 상황'임을 강조하는 것이다.

이런 차이를 사소하다고 생각해서는 안 된다. 실제로 문법이나 단어가 갖는 내용상의 차이를 이해하지 못해 대화중에 오해가 생기는 경우가 빈번하다. 그런 오해를 방지한다는 측면에서라도 문법의 정확한 내용과 감정, 단어의 속뜻을 이해하는 과정은 무척 중요하며, 그래서 입체적 영어를 공부해야 한다고 자꾸 강조하는 것이다.

읽기에서도 마찬가지다. "You must take a taxi"는 "너 택시를 타야 돼. 안 그러면 정말 큰일 나"라고 해석해야 하며, "You should take a taxi"는 "너 택시를 타는 게 좋을 거야", "You have to take a taxi"는 "지금 상황이면 당연히 택시를 타야지"로 해석해야 맞는다. 그런데 이 세 개의 문장을 똑같이 그저 "너 택시를 타야 돼"라고 해석해 놓는다면 그 번역서를 읽는 사람은 미칠 노릇이다. 입체적 영어를 공부한 사람이 오역투성이인 번역서를 읽고 싶겠는가. 어떤 영어 문장을 어떤 식으로 잘못 번역했는지가 빤히 보이기 때문에 한 쪽도 넘기지 못한 채 그냥 책을 덮어버리는 경우가 태반이다. 심지어 어떤 소설책은 가히 오역 지뢰밭이라고 할 수 있을 정도이다.

사실 번역은 무척 어려운 일이다. 글쓰기와 마찬가지로, 입체적 영어를 공부하고 익혀서 문장에 쓰인 문법의 감정과 내용, 단어의 속뜻을 이해하고 있어야 비로소 번역이 가능하기 때문이다. 그런 점에서 회화와 읽기 실력을 어느 정도 키워 놓은 뒤 많은 원서를 읽으면서 꾸준히 훈련하고, 그 훈련을 반복한 사람이 글쓰기와 번역을 해야 맞는 것이다.

그렇다면 영어를 모국어로 사용하는 원어민들은 모두 글쓰기를 잘할까. 전혀 그렇지 않다. 원어민이니까 영어로 글을 잘 쓰겠지, 원어민이니까 글을 첨삭지도해줄 수 있겠지라는 생각은 그야말로 착각이다. 생각해보라. 한국어를 잘하는 사람이 모두 첨삭지도를 할 수 있는 것은 아니지 않는가. 우리말로 된 글을 첨삭지도할 수 있는 한국인도 극소수에 불과하다. 그러니 우리나라에서 영어를 가르치는 원어민을 너무 맹신해서는 곤란하다. 그들이 할 수 있는 일이라곤 "I am a boy"를 "I is a boy"로 잘못 쓴 경우 지적해주는 정도이다. 오자를 잡아내는 수준이라고 보면 된다.

하지만 이런 정도의 오자는 컴퓨터 프로그램으로도 얼마든지 잡을 수 있다. 정말 아무것도 아닌 것이다. 정말 중요한 것은 왜 이 부분에서 이 단어를 써야 하는지, 문법 형식은 맞는데 이렇게 쓰면 왜 의사 전달이 안 되는지를 지적해주는 일이다. "You must take a taxi"와 "You should take a taxi", 그리고 "You have to take a taxi"는 문법 형식상 모두 맞는 문장이다. 하지만 이 세 문장은 의미가 서로 다르다. 그 다른 의미를 정확히 지적해줄 만한 원어민 선생님조차 별로 없다는 것이 우리 영어 교육계의 현실이다.

고급 지식 습득을 위해서는 읽기가 중요하다

2

영어 읽기를 공부할 때 회화가 중요한 이유는 회화를 잘해야 책에 나온 문장 가운데 어떤 것이 좋고 효용 가치가 높은지를 구분할 수 있기 때문이다. 좋은 문장을 선별하는 능력이 회화를 통해서 생겨나는 것이다.

말은 하지만 글을 읽을 줄 모르는 사람은 있어도, 글을 읽을 줄 아는데 말로 표현하지 못하는 사람은 없다(신체적으로 문제가 있는 사람은 제외하고). 마찬가지로 영어로 말은 못하지만, 영어 문장을 읽고 이해할 수 있다는 사람은 그야말로 착각하고 있는 것이다. 그 글이 무슨 뜻을 담고 있는지 정확히 모르면서 자기 스스로 읽고 이해했다며 대강 넘어가는 수준으로, 이는 결코 영어 실력이라고 할 수 없다. 사람은 누구나 말을 할 줄 알아야 말 속에 담긴 감정을 이해하고, 그 감정을 글 속에서 뽑아낼 수 있는 것이다.

영어 회화가 일정 수준에 도달해 원서 읽기를 시작한다면 분야를 막론하고 골고루 읽는 편이 좋다. 자기가 좋아하는 분야만 찾아 읽는 편식은 바람직하지 않다. 물론 우리말 자료는 자기가 좋아하는 분야만 읽어도 상관없다. 늘상 우리말을 사용하고 우리말에 끊임없이 노출되기 때문에 자기가 좋아하는 내용만 찾아 읽는 편식이 일상생활에 별 영향을 끼치지 않기 때문이다. 하지만 영어 같은 경우에는 다양한 자료를 두루두루 읽어야 영어에 대한 감각이 차곡차곡 쌓이고, 그것이 회화와 쓰기에도 긍정적인 효과를 발휘한다.

읽기 자료로 소설은 기본이며, 영화를 보면서도 듣기만 할 것이 아니라 스크린 영어 교재 등을 활용해 읽기 연습을 꾸준히 하는 것이 바람직하다. 그럼 '이럴 때는 이렇게 말하는구나'라는 사실을 깨달을 수 있다. 잡지의 경우에도 여성 잡지, 청소년 잡지 등 고루고루 봐야 한다. 다양한 자료를 고루고루 접해봐야 영어가 무척 많은 표현법을 지닌 언어라는 사실을 깨달을 수 있기 때문이다.

시사주간지도 물론 봐야 하지만, 〈타임〉 같은 경우는 정말 어렵다. 그래서 맨 마지막 단계에 봐야 하는 것이 이런 종류의 잡지이다. 우리가 우리말로 된 시사주간지를 안 봐도 사람을 만나거나 살아가는 데 별 지장이 없지 않은가. 그러니 이런 종류의 영어 잡지를 읽기 위해 애쓸 필요가 없다.

회화에 자신 있는 사람에게 적합한 읽기 자료는 읽어서 좌절하지 않을 정도의 수준이어야 한다. 소설책이 쉽다고 생각하는 사람이 많은데, 읽다 보면 자신의 영어 실력이 그대로 드러나 좌절하게 되는 소설책이 대부분이다. 이는 소설 내용이 쉽고 어렵고의 차원이 아니다.

소설을 굳이 두 부류로 나누면, 대화 위주의 소설과 지문 위주의 소설이 있다. 전자의 경우는 대부분 영화로 만들어진다. 각색하는 데 오랜 시간이 걸리지 않기 때문이다. 읽기를 공부하는 데는 이런 책이 적합하다.

한 예로, 우리나라에서도 베스트셀러가 된 《다빈치 코드》의 작가 댄 브라운의 책을 보면, 한 문장에 적어도 한 개 이상은 다른 작가가 전혀 쓰지 않는 형용사가 들어가 있다. 또한 한 문장에 비비 꼬는 부사가 두세 개 정도는 꼭 나온다. 댄 브라운만의 독특한 문장 구성인 것이다. 그런데 이런 작가의 책을 읽으면 바로 영어 공부의 문을 닫게 된다. 포기하고 마는 것이다. 물론 재미있는 내용도 많지만, 그 재미있는 내용에 들어가기 전에 작가가 사용한 현란한 단어들 때문에 정신없이 허덕대다가 좌절하고 만다. 물론 댄 브라운의 책에도 대화가 많다. 하지만 매번 지문에서 막혀 정신을 차릴 수조차 없다.

심지어 대화는 전혀 없이 지문에만 충실한 작가도 있다. 그런 작가들의 책은 나중에 나중에라도 읽지 않는 것이 좋다. 좌절이 땅을 뚫고 들어갈 테니 말이다. 따라서 이야기 전개가 빠르고, 대화가 많은 소설책을 읽기 자료로 선택하는 것이 영어 공부에 도움이 된다. 찾아보면 영어 회화 실력이 일정 수준 이상 되는 사람들이 볼 만한, 읽기 편한 소설책이 무척 많다. 참고로, 소설책 속의 대화는 영화 대사와 다르다. 속어를 최대한 자제

하고 규격화된 표현들을 주로 사용하기 때문에 영화보다 훨씬 이해하기 쉽다. 제임스 패터슨, 존 그리샴 같은 소설가의 작품이 대표적이다.

생활 속 이야기를 가장 생생하게 전달하는 잡지로 〈리더스 다이제스트〉가 있다. 이 잡지는 누가 봐도 쉽게 이해할 수 있는 생활 경험담, 생활 상식 등을 담고 있다. 그런 만큼 이 잡지 정도는 늘 들고 다니면서 읽는 것이 좋다. 또 하나, 오프라 윈프리가 만든 〈오 : 오프라 매거진〉은 문학적이고 실용적이면서도 알찬 정보들을 많이 담는 것으로 유명하다. 이 잡지에 글을 쓰는 저자와 편집자들은 정말 격이 다르므로, 꼭 읽어보길 권한다.

이런 책을 제대로 읽고 이해할 수 있다면 당연히 회화 실력이 향상되고 쓰기에도 큰 도움이 된다. 한마디로 선순환인 셈이다. 회화를 꾸준히 공부하는 사람은 책을 읽을 때 좋은 문장이 눈에 들어오면 '어, 대화에 활용하면 좋겠다'라는 생각에 따로 뽑아 정리해 놓곤 한다. 이렇게 정리해 놓은 문장은 쓰기에도 활용할 수 있으므로 글쓰기 실력 향상에 도움이 될 수밖에 없다. 단, 자꾸 강조하는 말이지만 자신이 읽은 문장이 활용 가치가 있는지, 없는지를 구분하기 위해서는 먼저 회화를 기본적으로 잘해야 한다.

이런 선순환을 생각한다면 영어 공부는 끝이 없는 셈이다. 우리도 죽을 때까지 우리말을 하고, 우리말로 된 책을 읽어야 하지 않는가(물론 요즘에는 책을 읽는 사람만 읽어서 지식과 정보력 측면에서 개인 간 격차가 더 벌어지고 있긴 하지만). 모국어인 우리말도 이러한데, 외국어인 영어는 오죽하겠는가. 더 많이 읽어야 하지 않겠나.

요즘 대세가 된 페이스북이나 트위터를 주제로 외국 바이어와 대화를 나눈다고 가정해보자. 입체적 영어와 거리가 먼 사람은 우리말로 접하고 이해한 페이스북이나 트위터 관련 정보를 머릿속에서 영어로 바꾸느라 무지 애쓸 것이다. 그렇게 애쓴 만큼 결과가 좋으면 괜찮으련만, 그렇지도 않아 기운 빠진다. 머릿속에서 영작을 해가며 말하니 자연스러운 대화는 물 건너가고, 표현조차 어색해 상대방이 대화에 흥미를 느끼지 못한다. 그럼 호감도가 뚝뚝 떨어지는 소리까지 들릴 것이다.

반면, 입체적 영어에 익숙한 사람은 페이스북이나 트위터에 관한 정보를 우리말 기사가 아닌, 영어 기사에서 얻고 그 내용을 이해한다. 즉, 입체적 영어 학습을 통해 어느 정도 회화 실력을 쌓은 사람은 영어 기사를 읽을 때마다 그 내용이 머릿속에 자연스럽게 정리되기 때문에 문장을 억지로 외우면서 일일이 해석할 필요가 전혀 없다. 그렇게 머릿속에 한번 들어온 문장은 누군가와 대화할 때 자연스럽게 입 밖으로 나오는 것은 물론, 대화를 이어가는 중요한 소재가 되기도 한다. 이것이 바로 읽기가 가지는 힘이다.

영어 읽기를 잘하고 싶은가. 그렇다면 영어 회화부터 잘해라. 단, 회화를 잘하기 위해서는 영어에 입체적으로 접근해야 하는데, 이때 입체적이라는 것은 문법의 감정과 내용, 단어의 속뜻을 제대로 이해한다는 뜻이다. 그래야 책을 읽을 때 의미가 머릿속에 쏙쏙 들어온다. 그런데 우리는 영어로 말할 때나 글을 쓸 때 머릿속으로 우리말을 생각한 뒤 그 말을 영어 문법에 끼워 맞추려 애쓴다. 혹시 원어민을 만났을 때 "Hello"라는 말을 머릿속에서 만든 다음에 내뱉는가. 그렇지 않을 것이다. 대부분의 사람이 그냥 자연스럽게 "Hello"라고 말할 것이다. 모든 영어가 이렇게 자연스럽게 나와야 하는데, 우리는 "Hello"라고 말한 뒤 그 다음 말들은 머릿속에서 우리말로 먼저 떠올리고 계속 영작을 하려 든다. 이런 방식은 자기 뜻을 제대로 전달하지 못하는, 원어민이 헛웃음을 터뜨리고 마는 콩글리시만 만들어낼 뿐이다.

모든 영어가 "Hello"처럼 편하게 입 밖으로 나오려면, 영어를 공부하는 과정에서 문법의 감정과 내용, 단어의 속뜻을 정확히 이해하고, 그 이해한 내용이 입에서 반사적으로 나올 수 있도록 끊임없이 읽기 연습을 해야 한다. 그럼 회화 실력도 자연스럽게 좋아진다. 한마디로, 회화 → 읽기 → 쓰기 → 회화 → 읽기 → 쓰기……처럼 선순환이 이루어지면서 영어 실력도 점점 향상하는 것이다.

참고로 글쓰기와 관련해, 유독 글을 잘 쓰는 사람이 있다. 글도 창작 영역에 들어가기 때문이다. 그런데 영어로 글을 쓸 때 기본 문장조차 만들지 못한다면 창작 자체가 가능하겠는가. 영어 회화와 읽기를 통해 기본 문장을 만들 수 있는 수준에 이르렀다면, 그 다음은 표현 방법의 차이다. 그런 점에서 우리말로 글을 잘 쓰는 사람이 영어를 공부해 영작을 하면 그 수준이 확실히 다르다. 어휘력이 뒷받침되기 때문이다. 어쩌면 이런 사람들이 원어민보다 영어 글쓰기는 더 잘할 수 있다. 아니, 훨씬 잘한다. 사실 원어민보다 영어 말하기를 잘하기란 쉽지 않다. 물론 노력에 노력을 거듭하면 가능하겠지만, 말하기보다 글쓰기가 원어민을 따라잡기에 훨씬 수월하다. 먼저 기본 문장을 다 익히고, 한 단락을 논리적으로 쓸 수 있는 능력만 갖춘다면 그 다음은 창의력 싸움이므로 원어민과 충분히 대적할 만하다.

**영어는
소리가 다가 아니다**

3

 과연 영어에서 소리만 중요할까. 소리, 물론 중요하다. 하지만 '영어는 결코 소리가 다가 아니다'. 영어 공부를 할 때는 당연히 소리를 내야 한다. 영어 문장을 읽을 때 문법의 감정과 내용, 단어의 속뜻을 바로 이해할 수 있고 문장의 의미가 머릿속에 팍팍 들어온다면 그 다음부터는 계속 소리 내서 읽어야 하는 것이다.

 이때 중요한 것은 자신이 이해하고 소리 내서 읽는 문장이 과연 활용 가치가 있느냐, 없느냐 하는 점이다. 여기에서 말하는 활용 가치란 그 문장을 통해 얻은 지식으로 다른 문장까지 이해할 수 있어야 한다는 뜻이다. 즉, 한 번 읽고 버리는 것이 아니라, 이해한 문장을 통해 확장한 영어 지식을 다른 곳에서도 활용할 수 있어야 영어 실력 향상도 기대할 수 있다. 그만큼 활용 가치가 있는 문장들을 파악하는 능력이 중요할 수밖에 없다.

앞에서도 살펴본 영어 문장 "It happens"는 활용 가치가 높은 문장이다. 영어를 제대로 공부하지 않은 사람은 대부분 "그것은 발생한다"라고 해석해버리고 활용 가치가 없다며 다시는 거들떠보지 않는다. 하지만 이 문장은 '늘, 일반적으로'라는 말이 들어가야 하는 현재시제이다. 따라서 "그런 일은 늘 일어나는 거야(뭐, 그런 걸 갖고 마음 아파하니). 너한테만 일어나는 게 아니야"라는 뜻을 나타낸다. 여기에서는 문장이 갖는 뜻 외에도 '현재시제가 이런 느낌을 전달하는구나'라는 것까지 배울 수 있기 때문에 다음에 다른 현재시제 문장을 접할 때 그 느낌을 떠올리면서 이해하려 애쓰는 수준에 도달할 수 있다. 그런 점에서 "It happens"는 활용 가치가 높은 문장이다.

또 하나, 영어를 배울 때 꼭 외우는 문장 가운데 하나가 바로 "Boys be ambitious!"이다. "소년이여, 야망을 가져라!" 그런데 우리는 이 문장을 과연 언제 어디에서 활용할 수 있을까. 대화중에 누군가에게 "소년이여, 야망을 가져라!"라는 말을 할 일이 과연 있을까 싶다. 이런 문장은 활용 가치는 물론, 확장성도 보장되지 않는다. 한마디로, 영어 실력 향상에 전혀 도움이 되지 않는 문장인 것이다.

"There is an iPad on the desk"처럼 상황이나 사실을 설명하는 기초 문장도 마찬가지다. 이런 문장은 따로 외우거나 소리 내서 읽지 않아도 저절로 된다. 느낌이 담긴, 감정으로 이해해야 하는 문장을 설명 들으면서 익히다 보면, 이런 단편적이고 단순한 문장들은 입에서 저절로 나오게 되어 있다. 그런데 우리는 저절로 되는 문장들에 목을 매고 영어 공부를 할 때마다 죽어라 반복해서 외우고 있지 않은가. 시중에 나와 있는 영어 교재들도 모두 저절로 되는 이런 상황 설명형 문장만 언급하면서 지면과 돈을 낭비하고 있다. 한마디로 독자들을 속이고 있는 것이다(아니면, 저자의 영어 실력이 형편없거나).

예를 들어, 영어 교재 《Re-start》를 보면 "This is a table / These are tables / This is a man / These are men" 같은 예문들이 가득하다. 이런 문장들을 도대체 언제, 어디에서 써먹을 생각인가. 원어민을 만나서 "That is a man / I am a man and she is a girl"이라는 말을 늘어놓을 텐가.

그러니 이제부터는 활용 가치가 떨어지고 영어 공부를 하면 저절로 알게 되는 문장들을 외우기 위해 시간과 돈을 낭비하는 어리석은 짓을 그만두자. 입체적 영어를 제대로만 공부한다면 이런 문장은 그냥 따라오게 되어 있다.

일상에서 우리가 활용할 수 있는 영어 문장들은 무척 많다. 예를 들어, 아내와 전화통화를 하면서 "I will be home for dinner"라고 말했다고 해보자. 아마 대부분의 사람들이 "오늘밤 나는 저녁을 위해 집에 있을 것이다"라고 해석할 것이다.

하지만 이 문장은 "그럼 오늘은 집에 가서 저녁 먹을게"라는 의미이다. 정말 뜻밖의 해석이지 않은가. 이 문장이 이렇게 해석되리라고는 상상도 못했을 것이다. 문법은 외우는 것이 아니라 이해한 뒤 활용하는 것이라는 사실을 단적으로 보여주는 문장이자 해석이다.

우리말을 먼저 생각한 뒤 영어 문법과 단어를 그것에 맞게 짜 맞추는 데 익숙한 우리는 "I will be home for dinner" 같은 문장을 결코 만들 수 없다. "그럼 오늘은 집에 가서 저녁 먹을게"를 영어로 말해야 할 때 "Then I will eat dinner at home tonight"라는 문장을 만들었다면 우리로서는 최상의 결과일 것이다. 이 문장은 문법의 형식 측면에서는 틀린 부분이 전혀 없다. 하지만 원어민들은 절대 그렇게 말하지 않는다. 단편적, 평면적 영어를 익힌 우리만 문법과 단어를 기계적으로 짜 맞춰서 그런 문장을 만들고, 또 말하는 것이다.

이렇게라도 문장을 말해서 의사소통이 되면 좋은 것 아니냐고 하는 사람들도 참 많다. 그런데 아니다. 언어는 그렇게 마구잡이로, 자기 마음대로 뜯어 맞춰서 되는 것이 결코 아니기 때문이다. 언어는 대강해서 넘어갈 수 있는 그런 성질의 것이 아니다. 만일 우리말을 배우는 어떤 외국인이 대화중에 우리가 쓰지도 않는 말들을 마구 만들어 떠들어댄다면 그가 무슨 말을 하는지 알아들었다는 이유만으로 고개를 끄덕이며 그냥 넘어갈 텐가. 아마도 그렇지 않을 것이다.

외국어를 배울 때는 원어민이 쓰는 말 그대로를 배워서 사용해야 한다. 그것이 예의이고, 그것이 바로 외국어를 배우는 의미이다. 언어에는 원어민의 문화가 숨어 있으며, 그들의 역사가 담겨 있다. 그런 언어를 자기 멋대로 만들어 떠들어댄다면 그것만큼 야만적인 행위도 없을 것이다.

그렇다면 "I will be home for dinner"라는 문장 어디에 '그럼 ~할게'라는 의미가 포함되어 있을까. 바로 will이다. 앞에서도 한 번 설명했지만, 대화중에 갑자기 내리는 결정을 말할 때는 will을, 이미 생각하고 있었던 결정을 말할 때는 be going to를 쓴다는 사실을 반드시 기억해 두자. 그런 측면에서 "안 그래도 집에서 저녁 먹을 생각이었어"라는 말을 영어로는 "I'm going to be home for dinner"라고 해야 맞는다.

평면적 영어만 공부한 우리는 이런 문장을 결코 만들 수 없지만, 원어민들은 일상적으로 쓰는 표현이다. 그들은 "집에서 저녁밥을 먹을 것이다"라고 할 때 eat를 사용하지 않고 dinner에 eat의 행위까지 담아서 말한다. 그런데 be home for dinner와 go home for dinner는 의미가 또 다르다. be home for dinner는 이미 집에 가서 있는 상태이고, go home for dinner는 집에 가는 동작을 강조한 말이다. be동사에 go의 의미가 있다고 설명하는 경우도 있지만, 엄밀히 말하면 be는 '가 있다'이고, go는 '가다'이다. 우리말로 대강 해석해 두 단어가 같은 의미라고 규정할 것이 아니라, 단어에 담긴 속뜻을 정확히 이해하는 것이 무엇보다 중요하다.

또 다른 예로 "우리 만나서 점심 먹자"를 영어로 말하라고 하면 우리는 대부분 "Let's meet and eat lunch together"라고 직역해서 말할 것이다. 그리고 맞았다고 뿌듯해한다. 왜? 자신이 배운 문법 형식에 맞으니까. 하지만 원어민들 관점에서 이것은 틀린 문장이다. 물론 그들도 이 말을 알아듣긴 한다. 하지만 이내 '뭐야, 왜 저런 식으로 말하는 거야'라고 생각하면서 비웃는다. 역으로 생각해보라. 우리말을 배우는 어떤 외국인이 나에게 "우리 만나서 점심 먹자"라는 뜻으로 "우리 점심을 위해서 만나서 함께 먹자"라고 말한다면 어떤 생각이 들겠는가.

원어민들은 이 경우 "Let's meet for lunch"라고 간단하게 말한다. 여기에서도 lunch 안에 이미 eat라는 뜻이 담겨 있다. 이것이 바로 원어민들이 가진 말하기 습관인 것이다. 사실 그들은 Let's라는 말도 잘 쓰지 않는다. 우리는 보통 '~하자'라고 표현할 때 Let's를 쓰지만, Let's에는 명령의 뜻이 담겨 있다. 그래서 "우리 만나서 점심 먹자"라고 제안할 때 원어민들은 대부분 "Can we meet for lunch?", 또는 "Can you meet me for lunch?"라고 말한다. 명령이 아니라, 상대방의 의사를 존중해서 묻는 것이다. 자신의 의사보다 상대방의 의사를 존중해 묻고 또 묻는 것이 그들의 화법이다. 이런 문장들도 문법과 단어의 형식보다 내용, 감정을 이해해야 알 수 있으며, 또 사용할 수 있다는 사실을 기억하자.

결론적으로, 한 문장을 공부하더라도 이렇게 확장 가능한 가치 있는 문장을 선택해 익히는 것이 중요하다. 그리고 바로 이런 문장을 크게 소리 내서 읽어야 한다. 아무 문장이나 소리 내서 읽는 것은 전혀 의미가 없다.

실제로 활용 가능한 가치 있는 문장으로 영어 원리를 짚어주고 문법과 단어를 설명해 놓은 교재, 또는 그런 설명이 가능한 선생님에게 영어를 배운다면 느낌도 팍팍 전해지고 실력도 금방 달라진다. 반면 "She has big ears(그녀는 큰 귀를 갖고 있다)", "He has long arms(그는 긴 팔을 갖고 있다"처럼 아무 느낌도 없는 데다, 그저 문법(복수, 단수)과 단어(big ears, long arms)를 설명하기 위해 작위적으로 만들어 놓은 문장으로 가득한 교재를 보거나 그런 문장들을 앵무새처럼 읊어대는 선생님에게 수업을 듣는다면 그것만큼 시간 낭비, 돈 낭비도 없을 것이다.

Plus 1 · 활용 가치가 있는 문장을 소리 내서 읽자

영어 문장을 소리 내서 읽는 것은 대단히 중요하다. 아무도 나에게 영어로 말을 해주지 않기 때문에 스스로라도 자신에게 영어로 말을 해줘야 하는 것이다. 단, 자신의 목소리는 바로 귀로 전달되는 것이 아니라 물체에 반사되어 들리므로 뇌가 울릴 정도로 크게 말하지 않으면 정확한 소리로 들리지 않는다. 성악가의 소리만큼 뇌가 띵할 정도의 큰 소리로 영어 문장을 반복해서 읽어야 효과를 볼 수 있다. 그런 다음 어느 정도 자신감이 생기면 녹음해서 들어보는 것도 좋다. 단, 처음부터 무턱대고 녹음해서 듣는 것은 바람직하지 않다. 자신의 발음이 최악이라는 사실에 좌절할 것이 빤하기 때문이다.

크게 소리 내는 연습을 반복하다 보면 영어 발음도 자연스럽게 좋아진다. 영어는 문법이나 단어만큼 발음도 절대적으로 중요한데, 발음을 잘해야 문장을 빨리, 그리고 오랫동안 기억할 수 있기 때문이다. 즉, 정확한 발음으로 기억해야 나중에 헷갈리지 않는다. 그리고 어떤 문장을 떠듬떠듬 읽으면 절대 머릿속에 남지 않는다. 한 문장을 빠른 속도로 기억하려면 정확한 발음으로 읽고 이해하는 것이 필수적이다.

발음은 단지 말하고 듣기 차원의 문제가 아니다. 정확한 읽기와 쓰기를 위해서라도 발음은 기본 중 기본이며, 억양도 발음만큼 중요하다. 그리고 영어 발음이 나아지지 않은 상태에서 실력을 테스트하기 위해 원어민과 대화를 시도하는 것은 결코 좋은 방법이 아니다. 정상적인 방법으로 자신을 단련하지 않은 채 다른 사람에게 테스트 받는다거나 쓸데없는 자부심으로 영어를 마구 해댄다면 영어 실력은 절대 늘지 않는다.

어떤 사람은 영어는 자신감이 중요하다며 자기 실력은 아랑곳하지 않은 채 무조건 원어민과 대화를 시도하려 한다. 심지어 이런 학습법을 추천하는 선생님도 있다. 물론 외국인과 대화할 수 있는 기회가 있다면 충분히 활용하는 것이 좋다. 단, 이것은 영어 발음이 좋아지고, 제대로 된 문장을 정확하게 말할 수 있을 때의 일이다.

나는 한국외국어대학교를 다녔던 만큼 영어 실력을 테스트할 기회가 많이 열려 있었지만, 그렇게 하지 않았다. 물론 초창기에는 뭣 모르고 한두 번 시도해보긴 했다. 하지만 할 짓이 못 된다는 사실만 깨달았을 뿐이다. 영어 실력에 좌절했다기보다, 내가 교수님을 붙들고 늘 하는 말만 반복적으로 한다는 사실을 깨달았던 것이다. 어느 교수님을 만나든 똑같은 이야기를 능숙하게 반복하다 보니 다른 사람 눈에는 내가 영어를 잘하는 것처럼 보였을 것이다. 실제로 어떤 사람은 이렇게 같은 이야기를 반복하는 자신이 영어를 잘한다고 생각하기도 한다. 하지만 이것은 어디까지나 착각일 뿐이다.

정확한 발음으로 자신이 하고 싶은 말을 제대로 전달할 실력이 되지 않는다면 원어민에게 테스트 받는 행위는 하지 않길 바란다. 이런 방법에 시간을 쓰기보다 스스로를 단련하는 데 더 많은 시간을 할애하는 편이 훨씬 효율적이다. 예를 들어, 원서 읽기는 원어민을 만나 대화하는 것보다 몇 배 더 효과적인 영어 학습법이다. 원어민을 만나서 하고 싶은 말도 제대로 못한 채 듣고만 있다가 좌절하고 돌아오기보다 원서에서 읽은 좋은 문장을 계속 소리 내서 읽는 것이 읽기 능력은 물론, 발음과 회화 실력 향상에도 큰 도움이 된다.

원어민 대신 자기 자신에게 영어로 말을 해준다는 생각으로 활용 가치가 있는 문장들을 큰 소리로 반복해 읽도록 하자. 스스로 발음할 수 있는 단어가 귀에도 들리는 법이다. 예를 들어 "I love you"가 세 단어로 된 짧은 문장이라서 들리는 것이 아니다. 많이 듣고, 또 발음할 줄 알기 때문에 들리는 것이다.

만일 원어민이 "Settle down"이라는 두 단어의 짧은 문장을 그들이 늘상 하는 방식대로 빨리 발음했다면 과연 알아들을 수 있을까. 자신이 잘하는 발음도 아니고, 많이 접해서 내용을 이해한 문장도 아니라면 귀에 잘 들리지 않는다. 설령 우리가 "Settle down"이라는 말이 흔히 쓰이는 영어 환경에 노출되어 있다고 해도 그 말을 제대로 발음할 줄 몰라 귀에 들리지 않는다면, 그것이 "조용히 해"라는 뜻이라는 사실을 제대로 이해하거나 추측할 수 있겠는가. 게다가 우리는 "조용히 해"라는 의미로 "Be quiet!"라는 말 외에는 써본 적도, 들어본 적도 없지 않은가.

영어를 잘하고 싶다면 확장 가능한 가치 있는 문장을 선별할 만한 회화 실력을 키우고, 그 문장들을 소리 내서 읽자. 영어는 소리가 다는 아니지만, 소리를 가볍게 여기고 대충 넘어가면 영어 실력을 절대 끌어올릴 수 없다. 지금 영어 발음에 자신 없더라도 반복해서 큰 소리로 읽고, 자신의 발음을 녹음해서 들어본다면 누구나 발음과 억양은 좋아질 수 있다. 어느 한 부분을 대충 넘어가고 다른 부분을 완벽하게 해내겠다는 생각은 영어 공부에서 아예 접어두는 편이 속 편하다. 그렇지 않으면 늘지 않는 영어 실력 탓에 머리를 쥐어뜯게 될 테니 말이다.

> **회화가
> 중요한 이유**

4

　영어에서 회화가 중요한 이유는 영어도 하나의 언어이고, 언어의 출발은 바로 말이기 때문이다. 말을 못하는 사람은 글을 읽을 수 없다(물론 후천적 질환이나 사고로 인한 경우는 제외하고).

　영어 학습에서 강조하는 회화는 말하기와 듣기를 모두 포함한다. 특히 듣기는 눈을 감고 감정을 배제한 상태에서 상대방의 목소리만 듣는 것이 아니라, 말 속에 담긴 그 사람의 감정을 이해하고 표정까지 읽음으로써 상대방이 드러내고자 하는 말의 뜻을 정확히 파악하는 과정을 의미한다. 이렇게 상대방의 말 속에 담긴 감정을 표정과 함께 정확히 이해하는 과정을 거치면 나중에 그 감정에 맞는 행동과 말투, 표현을 다른 대화나 글에서도 파악할 수 있을뿐더러, 직접 활용도 가능하다. 그래서 말하기와 듣기를 모두 포함하는 회화가 중요한 것이며, 또 강조되는 이유이다.

그런데 회화 단계를 거치지 않은 채 원서 읽기를 먼저 할 경우, 말이 아닌 글을 통해 상대방 또는 글쓴이의 감정을 파악해야 한다. 이는 곧 글을 읽으면서 내용을 이해하는 동시에 회화도 함께 공부하는 방법이라 무척 어렵다. 물론 할 수는 있다. 좋은 선생님에게 배운다면 말이다. 하지만 읽기 자료를 활용해 영어 문법의 감정과 내용, 단어의 속뜻을 제대로 설명해줄 수 있는 대단한 선생님이 없다면, 읽기는 회화의 다음 단계여야 한다.

회화를 잘하면 읽기 공부도 훨씬 쉬워진다. 역으로, 독해를 잘하고 싶은 사람은 반드시 회화 단계를 거쳐야 한다. 요즘에는 외국어 공부에서 말하기와 듣기가 중요하다는 사실을 아는 사람이 많아지긴 했지만, 그들도 여전히 표현의 틀(pattern)이나 형식을 외우고 단어를 무작정 암기하는 수준에 머물러 있다. 방법 자체가 잘못됐는데도, 그렇게 반복하다 보면 영어를 잘할 수 있으리라 믿는 것이다. 하지만 슬프게도 그런 방법으로는 영어를 절대 잘할 수 없다.

회화는 일정 틀이나 형식에 따라 이루어지는 것이 아니다. 우리가 일상생활에서 누군가에게 말하는 장면을 떠올려보라. 분명 자신의 어떤 감정이나 정보를 상대방에게 전달하고자 말을 하고 있을 것이다. 그런데 그 말을 어떤 틀이나 형식에 맞춰 정해진 단어로만 표현해야 한다면 우리는 아마도 이내 입을 닫아버리고 말 것이다. 형식과 단어를 찾느라 머릿속이 어수선하고, 감정도 제대로 담을 수 없기 때문이다.

영어도 마찬가지다. 잘 짜인 문법 틀에 특정 단어들만 담아서 말할 경우, 말하는 사람의 감정과 말하는 내용이 따로 놀아 상대방에게 오해를 불러일으키거나, 스스로 답답함을 느낄 수밖에 없다. 이런 식이라면 책을 읽을 때도 자꾸 문법적으로 분석하려고만 들어서 그 문장이 가지는 진정한 의미를 파악하지 못한다.

글도 자기 감정과 생각을 말로 제대로 표현할 줄 아는 사람이 쓰는 것이다. 즉, 쓰는 사람의 감정과 생각이 그대로 글에 담기게 마련이다. 슬픈 소설을 읽는다고 가정해보자. 글쓴이가 독자들에게서 슬픔을 이끌어내기 위해 쓴 표현들을 제대로 이해하려면 그 표현의 의미를 이미 알고 있어야 하지 않겠는가. 저자들이 책에 쓰는 표현 중에는 단순히 문법적 분석만으로는 이해할 수 없는 것들이 엄청 많다. 그런데 이것을 일일이 분석하면서 읽는다면 어떻게 글쓴이의 감정을 제대로 전달받겠는가.

글에 담긴 감정을 파악하기 위해서는 그 감정들을, 또는 그 비슷한 감정들을 회화를 통해 이미 익힌 상태여야 한다. 그래야 책을 읽으면서 글쓴이와 똑같은 감정으로 울고 웃을 수 있다. 그리고 이 단계가 완성되어야 비로소 글쓰기에 도전할 수 있으며, 글에서 배운 감정을 다시 회화에 활용해 회화 실력도 한 단계 끌어올릴 수 있는 것이다.

다시 한 번 강조하지만, 회화가 중요한 이유는 일상 회화에 쓰이는 문법과 단어가 각각 어떤 내용으로 어떤 감정을 표현하는지를 파악할 수 있을 뿐 아니라, 그것을 익히면 나중에 다른 곳에서도 충분히 활용 가능하기 때문이다. 그런 점에서 영어를 이해하는 출발점은 바로 회화이다.

이런 단계를 무시한 채 회화는 어려우니까 나중에 하겠다며 제쳐두고, 문법 형식과 단어만 무작정 외워 짜 맞추기식으로 영어를 하다 보니, 회화는 물론 읽기와 쓰기까지 모두 안 되는 것이다. 이런 식의 영어 학습법으로는 어휘력을 키울 수 없을뿐더러, 문법도 단순히 형식만 익히게 되어 일상생활에서 거의 활용할 수 없다. 그러니 토익을 만점 맞아도 외국 바이어와 몇 마디 나눈 이후부터는 대충 얼버무리고, 외국계 회사에 영어 공문 하나도 제대로 못 보내는 일이 비일비재하게 벌어진다. 오직 시험을 목표로 영어를 공부하니 그럴 수밖에 없지 않겠는가.

Plus 1 · 회화는 영어 학습의 기초 단계

영어 회화를 먼저 공부하면 말의 속뜻과 그 말을 쓸 수 있는 상황이 머릿속에 정리되기 때문에 굳이 문법 형식을 기억해내거나 생각나지 않는 단어를 억지로 떠올릴 필요가 없다. 예를 들어 "Search me"라는 표현이 있다. 모든 언어가 그렇듯, 영어도 단어의 속뜻이 무척 중요한데 search에는 '뒤지다'라는 뜻이 있다. 만일 어떤 사람이 나에게 뭔가에 대해 물을 때 잘 모를 경우, 우리는 보통 "I don't know"라고 대답한다. "I don't know"는 단순히 "모른다"라는 뜻이다. 만일 "I have no idea"라고 대답한다면 "아무 생각도 떠오르지 않아서 모른다"라는 뜻이며, 같은 상황에서 "Search me"라고 한다면 "네가 내 속을 아무리 뒤져 보고 내 몸을 아무리 뒤져 봐도 나는 전혀 모른다"라는 의미를 갖는다. 이것을 "낸들 어떻게 알겠니?"라고 의역하기도 한다. 우리말로는 이 세 표현이 모두 "모른다"로 해석되지만, 각각 다른 속뜻을 포함하고 있는 것이다.

그런데 "Search me"라는 말을 어린아이가 했다고 가정해보자. 아이가 어른의 질문에 "Search me"라고 대답했다면 주변에 있는 어른들은 크게 웃고 난리가 난다. 아이가 어른이 쓸 법한 표현을 썼기 때문이다. "내 속과 겉을 다 뒤져 봐야 낸들 알겠어?"가 어디 어린아이가 쓸 법한 말인가. 엄마가 평소 쓰는 말을 그대로 쓴 것일 테지만, 그 순간 아이는 조숙한 척하는 꼬마가 되어버린다.

언어에는 남성과 여성이 쓰는 말이 따로 있기도 하고, 또 아이와 어른이 쓰는 말이 구분되는 경우도 많다. 그런데 그 차이를 모르고 무턱대고 사용한다면 원어민은 박장대소할 것이다. 또한 언어는 문화를 반영하기 때문에 그들의 문화를 제대로 이해하기 위해서는 그들이 평소 사용하는 말들을 먼저 익힐 필요가 있다. 문화를 무시한 채 기계적으로 문법과 단어만 외워서는 원어민과 깊이 있는 대화를 나누거나 편지를 주고받는 일이 불가능하다. 그들의 독특한 언어습관을 이해하지 못하면서 어떻게 대화나 편지를 주고받을 수 있겠는가. 언어 속에서 그들의 문화를 터득하고 그들 문화에 맞는 표현을 구사하기 위해서는 말하기와 듣기, 즉 회화가 먼저라는 사실을 잊지 말자.

게다가 요즘은 자기 PR 시대이다. 일상적으로 사용하는 캐주얼한 영어도 중요하지만, 자신의 재능과 역량을 알리기 위해서는 비즈니스 영어도 무척 중요하다. 비즈니스 영어에서는 격식(formal)을 차려 자기를 소개하고, 또 격식을 차려 프레젠테이션을 하며, 자기가 가진 지식을 격식 있게 알릴 수 있는 능력이 필요하다. 지식은 풍부한데 말하는 것이 영 어색해 자기가 가진 지식을 10분의 1도 전달하지 못한다면 사회에서 어떻게 경쟁력을 확보할 수 있겠는가. 그런 점에서 말하기와 듣기 능력은 일상생활에서뿐 아니라, 사회생활에서도 무척 중요하다. 무턱대고 아무 말이나 마구 쏟아내는 것이 아니라, 격식을 갖춘 표현과 캐주얼한 표현을 명확히 구분해 적재적소에 사용할 수 있어야 한다. 이런 기본적인 언어 능력을 갖춰야 자신은 물론, 자신이 속한 회사를 대표할 수 있으며, 결국 리더로 자리매김할 수 있다.

특히 요즘 같은 글로벌한 자기 PR 시대에는 말로 남에게 호소할 수 있는 능력을 갖춰야 한다. 자신뿐 아니라 회사, 더 나아가 국가를 알리기 위해서는 설득력 있는 말투와 표현력이 얼마나 중요한지 모른다. 2018년 동계올림픽 유치지 결정을 위해 남아프리카공화국 더반에서 있었던 국제올림픽위원회(IOC) 총회를 떠올려보자. 마지막 프레젠테이션 시간에 우리나라를 대표했던 김연아 선수의 연설은 많은 이들에게 감동을 선사했다. 정확한 영어 발음과 적절한 몸짓, 거기에 표정까지 곁들여져 자신의 감정과 의지는 물론 평창을 알리는 데도 큰 구실을 했으며, 세계인들은 그런 김연아 선수의 연설에 깊은 감동을 받았다. 그 결과, 평창은 3수 끝에 동계올림픽 유치에 성공했다. 그것도 역대 최고 득표수로 말이다. 이것이 바로 언어가 가진 힘이다. 그것도 정확하고 올바른 언어가 가지는 막강한 힘이다. 이렇게 말로 남을 설득할 수 있는 사람은 글로도 남을 설득할 수 있는 능력을 충분히 갖출 수 있다.

그러니 "회화가 중요한 것은 알겠는데 어렵고 시간도 없고 하니, 읽기와 쓰기를 먼저 하면서 회화를 익혀나가겠다"라는 말은 이제 더는 하지 않길 바란다. 제발.

PART
3

🦉

영어에서
길을 찾다

추신수가 슬럼프에 빠져 타격감을 잃었을 때, 류현진이 부진에 빠졌을 때 그들은 모든 것을 다 내려놓고 여행이나 다녀야 할까. 아니다. 방망이를 더 많이 휘두르고, 공을 더 많이 던져야 한다.

1

중학생 때 처음 접한 영어를 열심히 공부했던 이유는 영어 시험 성적이 좋았기 때문이다. 언어적 소질 같은 것을 생각해볼 수 있는 교육 환경이 아니었던 탓에 오직 전교 등수를 유지하기 위한 하나의 방법으로 영어 공부를 열심히 했을 뿐이다. 새로운 언어를 배운다는 구체적인 느낌보다 그저 학교에서 배우는 한 과목일 뿐이었고, 막연하게 주변 사람들이 영어를 잘해야 좋은 대학에 갈 수 있다고 해서 열심히 공부했다. 그렇다고 누가 영어를 잘하는 방법을 가르쳐준 것도, 영어를 더 잘하기 위해 다른 어떤 방법을 썼던 것도 아니다.

그렇게 시간이 흐르고 영어에 본격적으로 관심을 갖게 된 것은 대학생이 되면서부터다. 이때도 언어에 대한 소질이라기보다 영어에 대한 본격적인 관심 정도였다. 어쩌면 당시 내 주변 사람들은 나에게 언어적 소질이 있다거나, 영어에 감각이 있다고 생각할지도 모른다. 왜? 그들보다 영어를 많이 잘했으니까. 하지만 나 스스로는 언어적 소질이 있다거나 영어에 감각이 있다고 생각해본 적은 없다. 그저 영어에 대한 관심이 지속적으로 많았다고 생각한다. 영어를 시험 성적 때문이 아닌, 좀 더 깊이 알고 싶다는 생각에 본격적으로 공부를 시작한 것은 대학 1학년 때부터였다. 그리고 이 공부는 대학 4년 내내 쉼 없이 이어졌고, 그 이후 내 삶의 일부가 됐다.

영어에 관심이 많았다는 것은 단지 영어가 재미있었다는 뜻이다. 사실, 영어가 뭐 그리 재미있겠는가. 재미있을 이유도, 재미있을 근거도 없다. 그런데도 영어가 좋고 영어에 대한 관심이 계속 이어졌던 이유는 모르는 내용이 늘 내 앞을 가로막고, 모르는 부분이 언제나 많다는 사실 때문이었다. 해도 해도 모르는 것 천지였다. 그러니 매일매일 새로운 것을 알아가느라 시간은 빠르게 흘렀고, 모르는 것을 알고 깨달았을 때의 기쁨은 무엇과도 바꿀 수 없을 만큼 대단히 컸다.

물론 영어 공부를 하는 와중에 좌절도 많이 했다. 실력이 눈에 띄게 늘지 않고, 모르는 내용도 너무 많았으니까(모르는 게 많다는 것은 나를 채찍질하는 자극제이자, 나를 좌절시키는 방해 요소였다). 하지만 절대 포기하지는 않았다. 좌절은 순간순간 하는 것일 뿐, 그것에 얽매여 몇 날 며칠을 좌절 상태로 보낼 이유가 뭐가 있겠는가. 죽을 정도로 가슴 아픈 일이 아니면 말이다. 하지만 대부분의 사람이 이 좌절 상태를 극복하지 못한 채 그냥 영어를 포기하고 만다. 그만큼 영어에 대한 관심이 크지 않고, 영어의 필요성을 절감하지 못했기 때문일 것이다.

대학 1학년 때 영어를 본격적으로 공부하기로 마음먹고 가장 먼저 한 것은 영어 학원에 등록하는 일이었다. 학원에서 영어 회화를 배웠는데 무척 재미있었다. 배우는 내용도 재미있었지만, 강사가 나눠주는 자료를 읽는 맛도 쏠쏠했다. 남들 같으면 몇 개월, 길어 봐야 1년 정도 다니는 영어 회화 학원을 나는 2년 동안 거의 빠지지 않고 매일 다녔다.

학원에 다니면서 개인적으로 따로 한 공부는 강사가 나눠주는 자료를 소리 내서 읽는 것 정도였다. 얼마나 읽고 다녔는지, 영어 읽기가 인이 박힐 정도였다. 이런 식으로 하루도 빠짐없이 한 달 정도만 공부하면 그냥 중독 상태가 된다. 하루라도 영어 공부를 하지 않으면 불안해서 안절부절 못하는 것이다.

하루에 서너 시간씩 영어를 소리 내서 읽다 보면 처음 며칠간은 머리가 띵해지고 배도 아파와 그야말로 정신이 없다. 하지만 이 고비를 잘 넘겨 한 달 정도 하고 나니 당연히 해야 할 일, 안 하면 허전해서 미칠 것 같은 일이 되어버렸다. 그래서 학교를 오가면서도, 학원을 오가면서도 계속 영어 자료를 읽고 또 읽었다.

당시 주변 친구들은 영어 공부를 한다며 〈타임〉, 〈뉴스위크〉 같은 시사 주간지를 들고 다녔다. 솔직히 멋져 보이긴 했다. 하지만 개인적으로 결심했던 부분 가운데 하나가 대학 2학년 때까지는 무조건 회화만 한다는 것이었다. 누구에게 보여주기 위해 공부하는 것이 전혀 아니었기 때문에 맨 처음 마음먹고 결심했던 대로 말하기와 듣기가 웬만큼 되기 전까지는 시사주간지 같은 어려운 잡지들을 절대 펴들지 않았다.

대학 2학년까지 죽어라 회화만 공부하면서 학원 강사가 나눠준 자료들을 열심히 읽고 다녔다. 물론 우리말을 선천적으로 아주 잘하는 사람이 있는 것처럼, 남들만큼만 공부해도 영어 실력이 금방 향상되는 사람이 분명 있을 것이다. 하지만 개인적으로, 영어에 대한 소질은 선천적으로 타고나는 것이라기보다 후천적으로 만들어지는 것이라고 생각한다. 후천적으로 어느 정도 공부 습관이 생기면 안 하고는 못 배기는 중요한 일상이 되어버리기 때문에 그만큼 실력이 늘 수밖에 없다고 본다.

물론 어떤 사람은 영어 공부를 하는 과정에서 유난히 힘들어 하고 거부감까지 느껴 포기하고 말지만, 다행히 나에게는 그런 힘든 과정이나 고비가 없었다. 오히려 중·고등학생 때는 영어 시험 성적이 좋아 동기 부여가 확실히 됐으며, 대학교에 들어가 본격적으로 영어 공부를 하면서도 큰 벽에 부딪힌 적이 없었다.

대학 2학년 때까지는 학원 강사가 시키는 대로 중얼중얼하거나 자료를 읽는 시간, 그리고 대학 교수님들에게 영어로 말했다가 실의에 빠지는 시간이 많았다. 그러다가 알면 알수록 모르는 부분이 더 많아지는 영어의 매력에 정신없이 빠져들기 시작한 것은 2학년 2학기 때쯤 본격적으로 원서 읽기에 들어가면서부터이다.

그때는 시중에 나와 있는 영어 교재 가운데 볼 만한 것이 없었기 때문에 대학교 정기 간행물실에서 새로 나온 영자 신문과 잡지를 복사해 밑

줄을 그어가며 읽었다. 〈타임〉, 〈뉴스위크〉 같은 시사주간지는 물론이고, 영자 신문들까지 줄줄 외우고 다녔을 정도이다. 이렇게 열심히 외우면 한 번쯤 써먹고 싶어지는 것이 인지상정. 그럴 때면 교수님들을 붙들고 되도 않는 영어를 늘어놓기 시작했다.

당시 친구들은 내가 영어를 잘하는 줄 알았겠지만, 사실 매일 보는 영어 자료가 시사주간지와 신문이다 보니 교수님들에게 하는 말도 모두 어려운 내용뿐이었다. 그러니 되도 않는 영어일 수밖에 없었다. 상상해보라. 〈한겨레21〉이나 〈주간조선〉으로 우리말을 배운 외국인과 대화를 나눌 경우 그가 늘어놓는 단어들이 어떨지……. 지금 생각해보면 당시 교수님들이 나를 만날 때마다 무척 괴로워했을 것 같다. "얘, 또 시작이군" 싶지 않았을까.

물론 내 영어 실력이 어느 정도인지 스스로도 잘 알고 있었고, 또 새로운 것을 익히는 시간도 많이 필요했기 때문에 교수님들에게 매일 매달릴 수는 없었다. 가끔 내가 외운 것을 써먹고 싶은 욕구가 불끈 생길 때만 결행(?)했을 뿐이다.

그런데 아이러니하게도 이런 과정을 거칠 때마다 '내가 영어를 정말 못하는구나'라는 사실만 뼈저리게 느꼈다. 정작 내가 하고 싶은 말은 거의 하지 못한 채 대화가 끝나버리기 일쑤였기 때문이다. 시사주간지나 신문에서 외운 표현을 반복해서 써먹고 또 써먹는 나 자신이 얼마나 한심하게 느껴지던지……. 사실 이것이 좌절이라면 좌절이다. 하지만 결코 포기하지는 않았다. 포기하기엔 영어의 매력이 무척 컸고, 그것을 알아가기 위해서는 가만히 앉아 있을 수만은 없었기 때문이다.

　이때부터 요령이 하나 생겼다. 한 종류의 책만 죽기 살기로 공부하는 것이 아니라, 여러 종류의 책을 골고루 읽기 시작한 것이다. 한 책을 읽다가 지치면 전혀 다른 종류의 책을 펼치고, 그것이 지루해지면 또 다른 종류의 책을 보는 식이었다. 즉, 힘들거나 어려워지면 다른 책을 찾아 영어에서 영어로 옮겨갔을 뿐, 잠시 쉬어야겠다는 생각에 영어를 손에서 놓은 적은 단 한 번도 없었다. 아마 그때부터 들었던 생각인 것 같은데, 야구선수 이승엽이 슬럼프에 빠져 타격감을 잃었다면, 그리고 박찬호가 공을 제대로 던지지 못한다면 모든 것을 다 내려놓고 여행이나 다녀야 할까. 아니다. 방망이를 더 많이 휘두르고, 공을 더 많이 던져야 한다. 즉, 더 많이 노력해야 슬럼프에서 벗어날 수 있는 것이지, 잠시 쉬어야겠다며 손에서 방망이와 공을 내려놓은 채 여행이나 다닌다면 실력을 회복할 수 있겠는가.

　좌절감이 몰려온다고 포기해서는 안 된다. 그것은 비겁한 짓이다. 지금까지 해온 것이 얼마인데, 잠시 동안의 좌절로 모든 것을 포기하려 드는가. 물론 좌절감이 하루 이틀, 아니 그보다 오래 갈 수는 있지만, 그 감정에 치우쳐 영어를 단 하루라도 손에서 놓아서는 안 된다. 그럴 때일수록 평상시에 보던 책과는 다른 종류의 책을 보거나, 자신이 흥미를 느끼는 분야의 신문기사를 보면서 감각을 유지하고 새롭게 동기 부여도 해야 한다. 그럼 위기를 이겨내는 동시에, 미래에 대한 구체적인 생각도 서서히 자리 잡기 시작한다.

나도 처음에는 영어에 단지 관심이 있어서 공부를 시작했지만, 공부하면 할수록 무엇이 되어야겠다, 무엇을 해야겠다, 유학을 가야겠다 같은 구체적이면서도 다양한 생각과 목표들이 하나하나 생겨났다. 즉, 영어 하나로 인생에 대한 구체적인 목표와 계획이 잡혀나가기 시작했던 것이다. 그리고 그런 목표와 계획 덕에 영어에 몰입하는 시간을 더 많이 가질 수 있었다.

2

대학에 다니면서 2년 가까이 영어 회화만 한 결과, 〈타임〉이나 〈뉴스위크〉 같은 시사주간지와 신문을 어떻게 봐야 할지 자연스럽게 알게 됐다. 무작정 이런 잡지들을 먼저 보기 시작한 친구들은 당연히 영어가 어렵게 느껴져 금방 포기하고 말았다. 이제 갓 글자를 읽을 수 있게 된 아이가 〈한겨레21〉이나 〈주간조선〉을 읽는 꼴이니 오죽하겠는가.

계속해서 강조하는 말이지만, 친구들이 모두 영어를 포기할 때 좌절하지 않고 공부를 이어갈 수 있었던 이유는 회화를 하면서 어떤 표현이 중요하고, 어떤 말이 꼭 필요한지를 쉽게 판단할 수 있었기 때문이다. 이런 능력이 곧 읽기에도 발휘되어 무작정 읽는 데 그치는 것이 아니라 핵심 문장과 내용을 파악할 수 있었고, 그것을 회화에 다시 응용해 회화 실력도 한 단계 끌어올릴 수 있었다.

이렇게 대학 4년 동안 영어 회화와 읽기를 꾸준히 하고 단어를 보충하다 보니 영어에 자신감이 생겼다. 이 시점이 바로 나에게 영어가 소질이 된 때가 아닌가 싶다. 한마디로 영어에 대한 소질이 후천적으로 계발된 것이다.

이렇게 영어 공부에만 전념할 경우 하나 염두에 둘 점은 열공(?) 중에는 친구가 하나 둘 자연스럽게 없어진다는 점이다. 모꼬지나 동문회, 기타 모임에 나갈 시간이 없기 때문이다. 하루도 빠짐없이 영어 공부를 해야 하고, 영어 공부를 하다 보면 늘 새로운 것이 쏟아지니 손에서 책을 놓거나 공부를 멈추기가 쉽지 않았다. 그래서 친구들은 이런 나를 잡으러 다니기 바빴다. 하지만 1학년 때 내가 미팅이나 모임에 전혀 얼굴을 비치지 않자 2, 3학년 때는 아무도 나를 건드리지 않았다. 그야말로 혼자였다. 나에게 말을 시키거나 뭔가를 요청하는 사람은 나에게 관심 있는 여학생들뿐이었다.

그런데 3학년 후반이 되어 졸업반이 가까워지자 모두 나에게 모여들기 시작했다. 졸업을 앞두니 마음이 초조해져 나에게 영어를 배우거나, 뭐라도 하나 건지고 싶었던 것이다.

그렇게 3학년 말부터 나에게 영어를 배우려는 친구들이 생겨났고, 나는 4학년이 되자마자 아르바이트로 《정철 25주》라는 책을 판매하기 시작했다. 당시 이 책을 팔던 아르바이트생들은 모두 대학생이었다. 나는 성격상 내가 알고 있는 것을 남에게 가르쳐줘야 직성이 풀리는 편이라, 그들을 모아놓고 "책을 파는 사람이 영어를 못하면 되겠느냐"며 영어를 가르치기 시작했다.

각자 다른 대학교에 다니는 학생들이어서, 그들에게 자기가 다니는 학교에 영어 회화 동아리를 만들라고 권했다. 그렇게 해서 고려대, 성신여대 등 5곳에 영어 회화 동아리가 만들어졌고, 하루에 한 대학교씩 찾아가 일주일에 닷새를 대학생들에게 영어를 가르치며 보냈다. 대학 4학년생이 다른 대학 1, 2, 3, 4학년생에게 영어 회화를 가르친 것이었는데, 신기하게도 학생들이 영어를 배우겠다며 모여들었다. 학생에게 영어를 배우는 학생들이라니, 당시에도 무척 신기해하던 기억이 난다.

그때 내 소문을 듣고 한 출판사에서 영어 교재를 내는데 감수를 좀 해달라며 부탁해 왔다. 대학 4학년생에게 말이다. 어떤 잡지사에서는 나에게 연재도 맡겼다. 한마디로 대학 4학년을 남다르게 보낸 사례인 셈이다. 영어 공부를 계속하면서 학교에 다니고, 다른 대학교에 가서 학생들을 가르치고, 잡지에 짧지만 연재도 하고……. 이렇게 해서 학생이 학생을 가르치는 희한한 대학 생활을 하게 됐다.

학생들의 반응도 좋았다. 그래서 4학년 한 해 동안 학생들을 가르칠 수 있었고, 고려대 같은 경우는 졸업 후에도 강의를 해달라고 요청해와 한동안 계속하기도 했다.

당시 강의했던 내용을 떠올리면 무척 쑥스럽고 미안하다. 그때는 내가 다른 대학생들보다 영어를 훨씬 잘한다고 생각했기 때문에 그들을 가르치는 데 주저함이 없었다. 지금 생각하면 모르는 것 투성이였는데 말이다.

간혹 "가르치면서 많이 배웠겠다"라고 말하는 사람들이 있는데, 남을 가르치면서 배운다는 것은 정말 어려운 일이다. 자신이 아는 것만큼만 딱 가르치게 되어 있기 때문에 가르칠 때 몰랐던 내용은 계속 모르는 채 넘어간다. 특별히 자신의 무지를 한탄하며 열심히 공부하지 않는 한 말이다.

어떤 공부든 당장 결과가 나타나는 것은 아니다. 5년, 10년 계속 단련하고 노력해야 모르는 부분을 하나하나 알게 된다.

개인적으로, 영어 실력 자체에 변화가 팍팍 생기기 시작한 시기는 공부를 시작하고 10년이 지나면서부터였다. 10년 단위로 무엇이 틀렸고, 어디가 잘못됐다는 깨달음이 마구 밀려왔다. 그와 동시에 영어 실력이 향상됐다는 사실을 스스로도 느낄 수 있었고, 말로 설명할 수 없는 희열까지 만끽할 수 있었다.

하지만 거기까지 가는 과정이 다른 사람의 눈에는 자기학대로 비칠 수도 있다. 결과가 바로 나타나지 않는 공부를 10년 이상 규칙적으로 하고, 때로는 좌절하면서도 그것을 딛고 뚝심 있게 밀고 나간다는 것이 결코 쉬운 일은 아니기 때문이다. 하지만 확신하건데, 이만한 자기만족도 없을 것이다.

영어시장에서 블루칩이 되다

3

　1984년 대학교를 졸업하자마자 영어 학원에 취직했다. 심도 있는 영어 공부를 위해 미국으로 유학을 가고 싶었지만, 집안 형편이 여의치 않아 유학 자금을 마련하려고 강사 일을 시작했던 것이다. 그런데 학원 강의로는 목표한 만큼의 돈을 모을 수가 없었다.

　그래서 어차피 박사학위를 받으러 갈 계획이 아니었기 때문에 유학을 포기하고 영어 학원에서 바닥부터 생고생을 하기 시작했다. 하루 10시간 수업에 학생은 20명인 정말 밑바닥 생활이었다. 게다가 그 바닥 생활은 우리나라에서 가장 덥다는 대구에서 시작됐다. 코리아헤럴드 학원이 대구에 분원을 냈는데, 그곳에서 강의를 맡게 된 것이다.

　대구에서의 생활은 무척 힘들었다. 그래서 금요일 마지막 수업이 끝나면 뒤도 돌아보지 않고 서울에 올라와 월요일 새벽에 꾸역꾸역 내려가는 생활의 반복이었다. 입병이 나서 아무것도 먹지 못할 만큼 너무 고생스러운 3개월을 보냈다.

힘든 대구 생활을 정리한 뒤 서울에 올라와 한국외국어학원에 강사로 들어갔고, 1년 뒤부터는 종로외국어학원에 몸담아 1990년까지 학원 생활을 계속했다. 햇수로 7년 동안 강사로 일하면서 5년간은 정말 열심히 했다. 하지만 마지막 2년은 절망 속에서 '이 길은 내 길이 아니다, 내가 왜 이러고 있나'라는 자괴감에 빠져 허우적대던 시간이었다. 다른 강사들은 허구한 날 돈타령만 하고, 원장은 학생 머릿수 세느라 정신없고, 학생들은 가르치는 대로 열심히 공부하지 않고…….

1987년 중반, 당시에 돌파구도 필요했지만 대학 시절 대학가요제에 나갔을 정도로 노래를 좋아했던 나는 그때까지 가수의 꿈을 버리지 못한 상태였다. 그래서 작은 유료 음악회를 열기로 작심했다.

먼저 음악에 관심 있는 7~8명의 학생을 모은 뒤 당시 가장 유행하던 연극 〈우리 집 식구는 아무도 못 말려〉의 극단을 찾아가 소극장을 좀 빌려달라고 했다. 단장은 흔쾌히 빌려주었고, 학생들과 나는 그 소극장에서 총 4회의 유료 음악회를 성공리에 마쳤다. 영어와는 전혀 상관없는, 팝송이나 영어 관련 내용은 전혀 없었던 순수한 가요 음악회였다. 음악회가 끝난 뒤 학생들 사이에서 독특한 선생님이라는 소문이 났고, 학원 원장과 강사들도 희한한 사람이라는 시선으로 나를 바라봤다.

그런데 한두 달 뒤 학원장이 불러서 가보니 지금은 고인이 되신 김광한 씨가 그곳에 앉아 있었다. 당시 김광한 씨는 최고 시청률 54퍼센트를 기록했을 만큼 엄청난 인기를 끌었던 KBS의 공개 코미디 쇼 〈쇼 비디오자키〉의 MC였으며, 라디오 〈김광한의 팝스 다이얼〉을 진행하면서 전성기를 구가하던 최고의 DJ였다. 그는 영어 학원을 돌아다니면서 팝송에 관심 있는 강사를 찾고 있었고, 강사 가운데 노래에 미친 사람이 있다는 소문을 듣고 나를 찾아왔던 것이다. 이렇게 우연인지 필연인지 모를 그와의 만남은 곧 내 방송 생활의 시작으로 이어졌다.

퇴근시간에 다시 찾아온 그는 나를 무작정 자신의 옥수동 집으로 데려갔다. 당시 토요일마다 AFKN 라디오에서 〈아메리칸 톱 포티(American Top 40)〉라는 팝송 관련 프로그램을 방송했는데, 인기가 꽤 있었다(이 프로그램은 지금도 있다). 김광한 씨는 그 프로그램을 녹음한 테이프를 틀어주더니, 해석을 좀 해달라고 했다.

그런데 당시 나는 팝송을 전혀 모르는 데다, 가수라는 꿈에 젖어 가요에만 열중하던 시기라 개인적으로 팝송에는 관심조차 없었다. 그런 나에게 그 프로그램의 방송 내용을 해석해달라고 했으니 뭘 제대로 할 수 있었겠는가. 그래서 바로 못하겠다고 대답했다. 그랬더니 내 손에 녹음한 테이프를 들려주면서 꼭 한 번 들어보라고 했다. 내 도움이 필요할 것 같다면서 말이다.

그 테이프 때문에 내 생애 처음 고민이라는 것을 해봤다. 나는 원래 고민을 잘 안 하는 성격이다. 그런데 김광한 씨가 준 테이프를 듣고 팝송을 해볼까 말까를 며칠간 고민했던 것이다. 고민 끝에 한 번 해보자는 결심이 섰다. 전혀 모르긴 해도 어차피 영어를 기반으로 한 분야이니 해볼 만한 가치가 있겠다는 판단이 든 것이었다. 영어 공부를 한 이후, 그리고 영어 관련 일을 하면서 처음 해보는 도전다운 도전이었다.

매주 토요일 4시간 동안 방송되는 〈아메리칸 톱 포티〉를 녹음해 놓은 뒤 DJ가 가수와 노래에 대해 설명하는 부분을 모두 번역해 김광한 씨에게 건넸다. 그럼 그는 자료를 2시간 분량으로 정리해 그 다음 주 수요일 라디오에서 죽 읽어 내려갔다. 그가 하는 라디오 방송 2시간을 위해 주말과 내 휴식시간을 모두 반납했던 것이다. 그러니 김광한 씨 처지에서는 얼마나 미안했겠는가. 얼마 뒤 그는 나에게 학원 강의가 없는 토요일에 자신이 진행하는 〈김광한의 팝스 다이얼〉에 출연해 팝송영어 코너를 진행하는 것이 어떻겠느냐고 제안해왔다. 망설일 이유가 없었다. 무조건 오케이를 했다. 그렇게 해서 1987년 여름, 처음 방송을 시작했다. 무지하게 떨었던 기억이 난다. 수요일에는 김광한 씨에게 〈아메리칸 톱 포티〉를 번역한 내용을 건네주고, 토요일에는 직접 라디오 방송에 출연하는 생활을 몇 개월 이어갔다.

그러다가 1988년 1월 〈일간스포츠〉에 김광한 씨와 함께 팝송영어를 연재하기 시작했다. 그때 내가 첫 번째로 다뤘던 곡이 인기 듀오 왬(Wham)에서 나와 솔로로 전향한 조지 마이클의 타이틀곡 '페이스(Faith)'였다. 이 일을 계기로 방송과 신문지상에서 활약하는 본격적인 팝송영어 전문가의 길로 들어섰다.

학원 강의와 라디오 방송 출연, 〈일간스포츠〉 연재를 병행하면서 1년 정도를 보내고 나니 회의가 들기 시작했다. 고생은 하는데 보람이 없었다. 아마도 그런 상태로는 팝송영어 전문가로서의 비전이 보이지 않아서였을 것이다. 그 환경에서 탈출해 새로운 준비를 해야겠다는 절실함이 엄습해 왔다. 그래서 〈김광한의 팝스 다이얼〉은 물론, 당시 출연하던 또 하나의 라디오 프로그램인 〈밤을 잊은 그대에게〉(당시 DJ는 배우 최수종 씨)에서도 하차했고, 〈일간스포츠〉 연재도 마무리 지었다.

그때가 1989년으로, 김광한 씨와의 인연은 끝났지만 팝송영어 전문가가 되기 위한 홀로서기는 새롭게, 그리고 본격적으로 시작됐다. 매주 토요일마다 영어 학원에 학생들을 모아 놓고 4시간씩 팝송 강의를 했다. 하지만 몇 개월 뒤 학원 강의를 그만두고, 종로 2가에 있는 신나라레코드점을 찾아갔다. 그곳에는 작은 공연장이 마련되어 있었는데, 담당자를 만나 공연장에서 토요일마다 팝송을 들려주며 해설도 해주는 공연을 해보고 싶다고 말했다. 담당자는 저렴한 대여료에 허락해주었고, 나는 바로 팝송 해설 공연을 시작했다. 그리고 얼마 지나지 않아 종로 신나라레코드점에 희한한 짓을 하는 사람이 있다는 소문이 퍼져 나갔다. 그 소문을 듣고 청소년 잡지인 〈주니어〉의 기자가 나를 찾아와 인터뷰를 요청했다.

그 인터뷰 기사가 나가고 며칠 뒤 한 라디오 PD에게서 전화가 걸려 왔다. 〈주니어〉에 실린 내 기사를 보고 전화했다는 그는 자신을 대학교에 다닐 때 나와 함께 아르바이트하던 사람이라고 소개했다. 만나 보니 얼굴을 알아볼 수 있었다. 그는 당시 종로 5가에 있던 기독교 방송국 CBS의 간판 프로그램 〈꿈과 음악 사이에〉의 담당 PD 한용길 씨(2016년 현재 그는

CBS 사장이 되어 있다)였다. 그가 나에게 "조만간 라디오 개편인데 방송을 할 수 있겠느냐?"고 물었고, 당연히 할 수 있다고 대답했다.

당시 DJ는 가수 박학기 씨였다. 그때부터 지금까지 박학기 씨와의 인연은 죽 이어지고 있다. 아무튼 당시 그 프로그램은 인기가 무척 좋았고, 일주일에 한 번 나가면 한 달에 20만 원 정도의 출연료가 들어왔다. 무일푼 실업자에서 그나마 고정 수익이 있는 프리랜서로 한 단계 상승하니 살 것 같았다. 열심히, 즐겁게 라디오 방송을 하고 있는데, 몇 개월 뒤 EBS에서 전화가 왔다. "일주일에 한 번 하는 팝 프로그램이 있는데 할 수 있겠느냐?"는 말에 흔쾌히 그러자고 했다. 출연하는 프로그램이 2개로 늘어난 것이다.

그렇게 시간이 흘러 1990년 9월, SBS TV 개국이 얼마 남지 않은 시점에 SBS 방송국에서 연락이 왔다. 아침 영어회화 프로그램의 진행자를 해볼 생각이 있느냐는 것이었다. 그래서 담당 PD를 만나러 갔다. PD를 만나자마자 "저를 뽑으신 겁니까, 아니면 여러 후보 가운데 한 명입니까?"라고 물으니 "15명 중 1명"이라고 했다. 그 대답을 듣고 "그럼 가겠습니다"라고 말한 뒤 일어서려 하자 PD가 당황하며 "아, 왜 그러세요?"라고 물었다. "저를 안 뽑으실 거 알거든요. 그래서 가겠습니다. 15명 가운데 14명은 유학파라고 말씀하실 테고, 그럼 저는 안 됩니다. 저에게는 유학 경험이 없어서 저를 뽑으실 이유가 없을 것입니다"라고 대답했다. 하지만 그 PD는 내가 CBS에서 방송했던 내용들을 녹음해 보내달라고 했고, 당시 내가 '종합출판'에서 출간한 책들도 함께 보내주면 좋겠다고 요구했다. 하지만 나는 그럴 필요 없다며 거절한 뒤 방송국을 나왔다.

그런데 처음 만난 PD에게 너무 직설적으로 말한 것 같아 미안한 마음이 들었다. 그래서 서점에서 내 책을 한 권 사다가 그의 책상에 올려놓고 돌아왔다. 일주일 뒤 다시 한 번 와달라는 연락이 왔다. 그때도 PD를 만나자마자 나를 뽑은 거냐고 묻자 "7명 중 1명"이라고 대답했다. 그래서 이번에도 "저 안 뽑으시겠네요"라고 말한 뒤 다시 뒤돌아 나왔다.

그 일이 있고 10월 말쯤 내가 진행자로 확정됐다는 연락을 받았다. PD에게 "왜 나를 뽑았느냐?"고 묻자, MBC 방송국에서 스카우트되어 왔다는 그는 MBC 동료였던 한 여성 아나운서에게 나에 대한 이야기를 들었다고 했다. 물론 나도 그녀를 잘 알고 있었다. 대학 동기였던 그녀와 함께 아나운서 시험을 봤는데, 결과적으로 나는 탈락, 그녀는 합격해 MBC에서 아나운서로 활약하고 있었다.

PD가 그녀에게 내가 어떤 사람인지를 물었고, 한국외국어대학교에서 영어 공부를 가장 열심히 하던 사람이라고 말해주었다고 한다. PD는 그녀의 말을 염두에 두고 있었던 데다. 일주일에 닷새를 방송해야 하는 프로그램인 만큼 다양한 코너를 내보내고 싶은데, 서점에서 내가 쓴 책들을 보니 콘셉트 자체가 다양해 마음에 들었다고 했다. 게다가 만날 때마다 워낙 큰 소리를 쳐서 뭔가가 있을 듯해 나로 최종 결정했다는 것이다.

그렇게 해서 12월에 개국한 SBS에서 아침 프로그램 〈SBS 생활영어〉를 진행하게 됐고, 반응이 장난 아니었다. 한마디로 떠오르는 스타가 된 것이다. 그 당시 같은 시간대에 다른 방송국들은 모두 뉴스를 내보내고 있었지만 SBS는 과감하게 영어 회화를 편성했으며, 예상 외로 시청률이 무척 좋게 나왔다. 게다가 당시 대통령 영부인인 김옥숙 여사(노태우 대통령 시절)의 일과가 〈주간조선〉에 소개됐는데, 새벽 5시에 뒷동산을 산책하고 내려와 6시에 〈SBS 생활영어〉를 본다는 것이었다. 그 이후 더 난리가 났다. SBS 신완수 부장이 나에게 떠오르는 태양이라고 말했을 정도였다. 그리고 다른 방송국에서도 나를 주목하기 시작했다.

방송은 2년 동안 계속 인기를 끌었지만, 어쩔 수 없이 그만두기로 결심했다. 바뀐 PD 때문이었다. 여성 PD가 새로 들어왔는데, 사람을 미치게 만드는 재주(?)가 있었다. 그래서 신완수 부장에게 못하겠다고 말했더니, PD와 싸우는 것은 충분히 있을 수 있는 일이지만 그로 인해 방송을 그만두는 것은 절대 있어서는 안 될 일이라며 만류했다.

그래서 어쩔 수 없이 참으며 한 달을 보냈지만, 당시 방송국에 가는 것 자체가 지옥이었다. 결국 더는 견딜 수 없어 짐을 싸들고 신완수 부장에게 갔다. 5분만 기다리라는 부장을 뒤로 한 채 그냥 집으로 와버렸다. 그렇게 〈SBS 생활영어〉를 그만두었고, 한 달 뒤 프로그램 자체가 없어졌다.

이렇듯 1990~92년에는 SBS에서 방송을 했고, 94년에는 KBS에서 생활영어를 같이 해보자는 연락이 왔다. 그래서 1년 반 동안 오전에 〈Good Morning Everyone〉이라는 프로그램을 진행했다. 1991년부터는 〈SBS 생활영어〉와 함께 EBS에서 〈스크린 영어〉도 진행하고 있던 터라 라디오와 텔레비전 프로그램을 모두 합할 경우 그야말로 전원만 켜면 내가 나오는 듯한 느낌이 들 정도였다.

1995년에는 케이블TV 교육채널인 '다솜'과 '두산 DSN'이 개국했는데, 그 두 곳에서도 프로그램을 맡았다. 당시에는 방송에 출연할 정도로 실력을 갖춘 영어 전문가가 몇 명 없었다. 곽영일, 오성식, 그리고 내가 전부였다. 그 중에서도 '영어 교육방송하면 오석태'라는 말이 나올 만큼 방송국 안팎으로 인정받았고, 또 방송도 즐겁게 하던 시기였다.

물론 돈도 많이 벌었다. 방송 교재 원고료와 출연료가 꽤 많았다. 하지만 나는 그 돈을 자료 사는 데 거의 다 투자했다. 지금처럼 인터넷이 널리 보급된 때가 아니었기 때문에 자료를 찾기 위해 일 년에 적어도 두 번은 미국에, 그리고 여덟 번은 일본에 다녀왔다. 일본은 그나마 거리가 가까웠기 때문에 마음 편히 움직일 수 있었다.

그렇게 안주하지 않고 열심히 자료를 찾아 공부하면서 방송을 한 덕에 '영어 방송' 하면 자연스럽게 오석태가 떠올랐고, 1990년부터 97년 외환위기 전까지 활발하게 활동하면서 그에 합당한 대우도 받았다. 지금 생각하면 그 7년이라는 기간은 두 번 다시 경험할 수 없을 것 같은 정말 꿈같은 순간이었다. 외환위기 이후 영어 전문가들은 방송에서 설 자리를 잃어버렸기 때문이다.

그런데 돌이켜보면, 방송 출연은 결코 득이 되는 이력이 아니다. 방송인도 아니고 전문 강사도 아닌, 아무런 경력도 인정되지 않는 허공에 뜬 시간이기 때문이다. 간혹 영어 방송만 전적으로 하고 싶어 하는 사람이 있는데, 수입 측면에서만 본다면 방송만큼 매력적인 일도 없다. 다른 곳에서는 하루 10시간씩 꼬박 일해도 받기 힘든 돈을 몇 시간 만에 쉽게 벌 수 있는 것이 방송이기 때문이다.

하지만 이 일이 딱 끊기면 정말 할 일이 없다. 상실감도 크고, 어디에 발을 붙여야 할지 막막해진다. 내가 방송에 출연했다고 해서 내가 쓴 책들을 대중이 더 많이 사보는 것도, 내 강의를 듣기 위해 일부러 찾아오는 것도 아니다. 방송은 방송 자체일 뿐, 개인의 이력이나 업무에는 아무런 긍정적인 영향도 끼치지 않는다.

나 역시 방송에 출연하긴 했지만 방송인도, 연예인도 아닌 존재였기에 그 괴리가 더 클 수밖에 없었다. 방송에 출연하는 동안에는 본인 스스로도 멋있게 느껴지고, 잘나가는 것 같으며, 또 모두가 나를 찾는 듯하지만 그것은 단지 짧게 지나가는 경험에 지나지 않는다. 이런 사실을 염두에 두지 않은 채 스타의식만 갖는다면 이후의 괴리감을 극복하기가 무척 힘들다.

그나마 나는 방송을 하는 와중에도 영어 공부를 절대 손에서 놓지 않았다. 새로운 자료들을 찾기 위해 외국에 왔다 갔다 했으며, 그 자료들을 나만의 방송과 강의 콘텐츠로 만들기 위해 시간을 쪼개가며 공부하고 작업했다. 방송에 취한 나머지 공부를 등한시한 채 내가 알고 있는 내용만 뻐꾸기처럼 읊어댔다면 방송을 그만둔 이후 나의 영어 인생도 끝났을 것이다. 그만큼 방송을 그만두면 자괴감과 허무함이 엄청 크게 몰려온다.

물론 경험 삼아 방송을 해보는 것은 좋다. 하지만 돈에 급급해 자기 본분을 잊어서는 안 된다. 방송을 인생에서 하나의 도전으로 본다면 그것이 과연 어떤 가치를 지니는지를 그 도전을 하기 전에, 그리고 도전을 하는 와중에도 심각하게 생각해봐야 한다. 인생에서 맞이하는 하나의 도전인 만큼 자신을 돌아보고 채찍질하는 과정이 반드시 필요한 것이다. 이런 과정을 놓치거나 등한시한 사람은 그 도전에서 실패를 맛볼 가능성이 무척 높으며, 도전 이후 갑자기 찾아오는 허무함을 이겨내기가 어려울 수도 있다.

4

영어 공부에 한창일 때는 남들처럼 유학을 가고 싶다는 꿈도 있었다. 하지만 교수가 되고 싶다는 소망은 없었던 데다, 미국에 가면 좋겠다는 막연한 생각만 있었기 때문에 환경이 뒤따라주지 못하자 이내 포기해버렸다. 유학에 대한 개인적인 비전이 명확하지 않고 그저 막연했기에 포기도 쉬웠던 것 같다. 게다가 나는 영어를 하면서 남들을 가르치는 일 외에 무역업이나 비즈니스맨 같은 다른 꿈을 가져본 적도 없다.

물론 영어를 잘하게 된 이후에는 학생들을 가르치고 집필만 하는 것이 능력 낭비가 아닐까라는 생각이 간혹 들긴 했다. 대한민국을 세계에 알리거나 기업을 외국에 소개하는 일에 나의 능력을 발휘한다면 원원(win-win) 효과가 있지 않을까라는 기대감을 가졌던 것이다. 지금도 이런 생각을 갖고 있지만, 그렇다고 영어와 관련한 기본적인 꿈이 바뀐 적은 단 한 번도 없었다.

　영어를 본격적으로 시작하고 영어의 매력에 빠져들면서 가장 먼저 가졌던 꿈이자 나의 궁극적인 목표는 '대한민국에서 영어를 공부하고자 하는 많은 사람에게 올바르고 정확한 영어를 가르치자'이다. 방송에 출연하고, 대학과 학원에서 학생들을 가르치며, 쉬지 않고 열심히 책을 쓰는 이유도 다 그래서이다.

　하지만 이 목표를 이루기 위해 앞으로 나아갈 때조차 좌절을 맛보곤 한다. 영어 자체에서 오는 좌절이 아니라, 나와 같은 길을 걷고 있는 강사와 저자들에게서 느끼는 좌절이다. 그들도 나와 같은 생각으로 영어를 공부하고 노력해 책을 쓰거나 강의를 한다면, 정말 좋은 영어 학습법이 보급되어 영어를 제대로 할 수 있는 사람이 많이 생겨날 텐데 현실은 그렇지 않으니 순간순간 좌절하지 않을 수 없다.

　내가 좋은 콘텐츠와 확장 가치가 있는 문장들로 정성들여 책을 펴내도 그 책은 시중에 나와 있는 수많은 책 가운데 한 권일 뿐이어서 대중의 선택을 기다려야 하고, 내가 온라인에 활용 가치가 높은 영어 강의를 올려도 역시 네티즌의 클릭을 기다려야 하며, 대학이나 강연장에서 영어 학습법을 강의해도 들으려고 오는 사람은 너무 제한적이라 파급 효과가 적다. 파급 효과가 크려면 나와 같은 수준으로 책을 쓰고 강의하는 저자와 강사가 마구 생겨야 한다. 마치 동종의 가구매장이나 웨딩드레스 숍이 한 곳에서 경쟁하며 자신들의 가치를 올리듯이, 영어를 잘하고 잘 가르치는 사람이 많이 있어야 내 책도 더 잘 팔리고 강의도 더 폭넓게 할 수 있는 것이다.

하지만 실제로는 수많은 영어 선생님이 공부는커녕 현 위치에만 안주하는 탓에 이러한 영어 활성화에 방해 요소가 되고 있다. 우리나라에서는 영어 수험서(대학수학능력시험 관련 수험서, 토익 및 토플 교재, 공무원 수험서 등)와 비교해 영어 학습 교재(회화, 단어, 문법 등)의 판매 실적이 형편없는 편이다. 그 이유를 실력이 딸리는, 공부하지 않는 영어 선생님들에게서 찾는 것이 옳다고 본다. 현실이 이러하니 가장 근본적인 목표조차 무너지고 다시 세워야 하는 일이 반복될 수밖에 없다.

훌륭한 실력을 갖춘 영어 선생님을 통해 학생들에게 전달되는 올바른 영어 교육, 이것이 내 기본 목표의 바탕을 이루는 핵심이다. 그리고 이것을 잊지 않으려고 입체적 영어 학습법에 대한 생각의 끈을 놓지 않고 있으며, 매일매일 열심히 노력하는 중이다.

그리고 또 하나, 죽을 때까지 책 100권을 더 쓰겠다고 작심했다. 그 이유는 내가 애써서 공부하고 노력해서 모은 콘텐츠를 나 혼자 갖고 있다가 죽는 것이 너무 아깝기 때문이다. 한 권의 책이라도 더 발표하는 것이 대한민국 사람들의 입체적 영어 학습에 큰 도움이 되리라 확신한다.

지금까지 말한 나의 궁극적인 목표가 내 책과 강의로 우리나라 영어 학습법을 완전히 바꾸겠다는, 어찌 보면 너무 원대한 꿈일 수도 있다. 그리고 지금 같은 우리나라의 영어 환경에서는 무척 어려운 일일 수 있다는 사실도 잘 안다. 그래서 욕심을 부리기보다 낙숫물 효과를 기대하고 있는

지도 모른다. 낙숫물이 언젠가는 바위를 뚫을 수 있으리라는 믿음! 그래서 나는 오늘도 강의하고, 책을 집필하며, 변함없이 공부한다.

PART
4

세계 속에서
자아 찾기

새로운 기기를 가장 먼저 사서 성능을 시험하는 '얼리 어답터'가 되기보다, 기기는 갖고 있지 않아도 머릿속으로는 그것을 이해하고 받아들이는 '정신적 얼리 어답터'가 되자. 그래야 빠르게 변화하는 세상에 놀라거나 두려움을 갖거나 뒤처지는 일이 없다.

도전하는 자만이
샴페인을 마실 수 있다

1

영어와 함께 하면서 그 동안 큰 도전이라는 것이 별로 없었다. 물론 김광한 씨를 만나 처음 접한 팝송이 가장 큰 도전이었다고 할 수 있겠지만, 이 역시 내가 준비된 상태였기에 가능했던, 즉 인생의 흐름에서 자연스럽게 찾아왔던 기회라고 생각한다. 평소 노래를 좋아하고 가수의 꿈을 갖고 있었던 데다, 그 꿈을 이루기 위해 말도 안 되는 유료 음악회를 열었고 영어와는 상관없이 밤새워 연습도 했다. 이런 과정과 준비가 있었기에 나에게 찾아온 팝송영어 전문가라는 기회를 큰 도전 의식 없이 잡을 수 있었던 것이다.

옛날부터 학생들에게 하던 말이지만, 준비하는 사람에게는 반드시 기회가 찾아온다. 기회가 올 수밖에 없다. 그리고 그 기회는 인생의 흐름 속에서 자연스럽게 맞게 되는 하나의 과정일 뿐, 큰 도전이라고 할 수 없다. 그만큼 준비된 사람에게는 모든 일이 자연스럽게 다가오고, 그것을 당당하게 받아들일 수 있는 자세 또한 자신도 모르는 사이 몸과 마음에 자리 잡는다.

요즘 나는 진정한 도전을 하나 하고 있다. 바로 출판이다. 한창 어려울 때 시작한 것이 이유이기도 하지만, 아무리 열심히 홍보해도 책이 팔리지 않는 우리나라의 출판 시장이 나의 발목을 잡고 있다. 이것은 준비와는 다른 차원의 문제인 것 같다.

홍보라는 것은 원래 일반 대중을 상대로 파급력이 높은 방송을 통해서 해야 하는데, 지금 우리나라 출판 시장은 온라인이나 오프라인 서점을 통해 책을 찾는 소수만을 상대로 홍보하다 보니 원하는 결과를 얻지 못하고 있다. 방송에서 신간을 홍보할 수 있을 만큼 출판 시장이나 출판계 환경이 좋다면 무엇을 더 바라겠는가.

하지만 현실은 전혀 그렇지 못하다. 그래서 자꾸 벽에 부딪히고 있지만, 아직 실패라고는 생각지 않는다. 출판이라는 새로운 도전에 언제든 맞대응할 수 있도록 지금도 여전히 콘텐츠를 마련하고, 올바른 영어 학습법을 알리기 위해 노력하며, 새로운 홍보 전략을 연구 중이다.

출판과 관련해 나는 지금 영어 전문 저자라는 타이틀에도 도전하고 있다. 영어 전문 저자라는 새로운 직업군을 만들고자 하는 것이다. 전문 저자라고 하면 책 인세로만 먹고사는 사람을 뜻한다. 그러려면 현실적으로 1년에 적어도 책 8권을 발표해야 한다. 8권의 책을 쓰려면 방대한 자료가 뒷받침되어야 한다. 그래서 개인적으로 강의와 집필로 바쁜 와중에도 수많은 책을 읽고 인터넷의 바다에서 자료를 모아 정리하는 일을 하루도 거르지 않고 있다. 이러한 노력은 영어 전문 저자라는 직업군을 만드는 데 반드시 필요한 요소이기 때문이다.

이는 나와 같은 길을 걷고자 하는 후배들을 위한 일이기도 하다. 영어 교재만 써도 먹고살 수 있는 환경을 만들려면 나처럼 실제로 도전하는 사람이 있어야 하고, 그 결과가 좋다면 더 큰 탄력을 받을 수 있으리라 확신하다.

물론 잠깐 언급했지만, 우리나라 출판 시장은 열악한 편이다. 1년에 10권의 책을 냈을 때 그중 한두 권 정도가 꾸준히 나가기도 쉽지 않은 환경이기 때문에 초판 인세만 받고 끝나는 경우가 태반이다. 이래서는 영어 전문 저자라는 타이틀만으론 먹고살기 어렵다.

하지만 이런 전문 저자를 양성하지 못하고 그들이 자리 잡을 수 있도록 도와주지 않는다면, 우리나라의 영어 교육 환경까지 덩달아 열악해지는 악순환을 겪을 수밖에 없다. 전문가가 많은 집단일수록 시너지 효과는 큰 법이다. 영어 전문 저자에 대한 대중의 인식을 하나하나 전환해 나가고, 그 과정에서 다양한 콘텐츠를 확보하면서 제대로 된 학습법을 홍보한다면 더 많은 전문가가 자리 잡을 수 있으리라 확신한다. 그렇기에 출판과 관련한 나의 도전은 앞으로도 죽 계속될 것이다.

2

우리나라 영어 시장에서 국민의 태도나 자세는 아주 미묘하게 변하고 있지만, 아직 긍정적인 수준에 도달하려면 멀었다는 생각이 든다. 긍정적인 수준에 도달하기 위해서는 어느 한 사람의 힘만으로는 어렵다. 나와 뜻을 같이하는 사람들이 모여 지향점을 공유하고 다양한 콘텐츠를 마련하면서 영어 교육 환경을 변화시키려는 노력을 함께 해야만 눈에 띄는 변화를 가져올 수 있다. 그런데 그런 사람들이 너무 없다는 것이 문제이다.

그래서 요즘에는 선생님들을 대상으로 강의를 더 많이 해야겠다는 필요성을 느낀다. 물론 지금까지 학원이나 학교에서 의뢰를 받아 강의를 나가곤 했지만, 이제는 좀 더 적극적으로 그런 자리를 마련해 선생님들이 가진 영어에 대한 사고방식과 가치관을 바꿔야겠다는 생각이 든다. 그래야 나 혼자 애쓰는 것보다 더 많은 파급 효과를 낳고, 영어 교육 환경도 지금보다 좀 더 빠른 속도로 바뀔 수 있지 않을까 싶다.

　사실 이런 일은 정부나 교육부가 나서서 해야 한다. 하지만 아이들에게 제대로 된 동기 부여조차 해주지 못하는 정부와 교육부가 아이들을 위해 영어 교육 방향을 제대로 잡고, 또 그것을 올바로 실천하는 결단력을 보여줄 수 있을지 의문이다. 한마디로 우리는 제대로 된 빠른 길을 놓아둔 채 어렵고 힘든 길을 빙빙 돌아서 가고 있는 셈이다.

　어쨌든 앞으로는 수단과 방법을 가리지 않고 제대로 된 영어 교육 환경을 만들기 위해 애쓸 작정이다. 수단과 방법을 가리지 않는다는 말이 부정적으로 쓰이는 경우가 있긴 하다. 하지만 긍정적인 측면을 놓고 본다면, 우리가 지금까지 너무 잘못된 방법으로 영어를 배우고 익혔기 때문에 나쁜 영어 공부 습관이 몸에 뱄고, 그 나쁜 습관을 고치기 위해서는 수단과 방법을 가리지 않는 특단의 조치가 필요할 수도 있다.

　그 수단과 방법에는 강의, 집필, 온라인 관리 등이 포함되며 이것들을 위해서는 다양하면서도 활용 가능한 콘텐츠들을 많이 확보해야 한다. 이 콘텐츠는 결국 사람이 일일이 모아야 하며, 좋은 콘텐츠를 분별하는 안목과 정리하는 방법만 익힌다면 누구나 양질의 콘텐츠를 충분히 확보할 수 있다.

　이렇게 모은 양질의 콘텐츠를 대중에게 제대로 전달할 수 있는 능력을 갖춘 선생님과 강사를 육성하는 과정도 반드시 필요하다. 그래야 이 사회에 제대로 된 영어 교육 환경과 문화가 자리 잡을 수 있기 때문이다. 즉,

우리가 지금 가고 있는 영어 학습 길이 잘못됐으며 올바른 길로 가야만 목표에 도달할 수 있다는 사실을 알려줄 확성기 같은 선생님과 강사가 많이 필요한 것이다. 이런 선생님과 강사를 필두로 영어 교육 환경과 문화가 한번 제대로 자리 잡으면 우리는 분명 탄력을 받아 영어에 대한 공포심에서 완전히 벗어날 수 있다. 또한 영어라는 도구를 활용해 세계 시장에서 더 확고한 위치를 차지할 수 있으리라 확신한다.

그런 점에서 영어를 올바르게 가르치지 않는, 편법을 동원해 대중을 속이면서 돈에만 혈안이 된 영어 저자들과 강사들이 먼저 사라져야 한다. 대중은 여론에 현혹되기 쉽기 때문에 그런 사람들이 마케팅 수단을 총동원해 여론 몰이에 나서면 영어 교육 환경은 또다시 후퇴하고 만다. 그럼 우리는 처음부터 다시 시작해야 하는 악순환을 반복할 수밖에 없다.

이런 사람들은 올바른 영어 교육 환경을 조성하는 데 방해가 되는, 감히 해악이라고 말할 수 있는 존재들이다. 물론 대중에게 이런 저자나 강사를 분간할 수 있는 안목이 있으면 좋겠지만 그런 사람은 극소수이고, 대중이 안목을 갖출 때까지 기다리려면 너무나 많은 시간이 필요하다. 심지어 안목을 키울 수 있도록 도와주는 멘토 같은 사람이 주변에 없으면 평생 그런 안목을 갖추지 못한 채 끝날 수도 있다. 그러니 선생님, 강사, 저자들이 먼저 자신을 돌아보고 반성하며 열심히 공부하길 진심으로 바란다.

3

나의 모토는 '최선을 다하자'이다. '최선을 다하자'는 것은 다른 일을 하면서 이 일도 동시에 잘해내야 한다는 뜻이 아니라, 내가 정한 목표를 달성하기 위해서는 무엇을 해야 하고, 넓게는 죽을 때까지 그 목표를 위해 어떻게 시간을 안배하며 살아야 할지에 대한 문제이다.

사람이 살다 보면 목표가 아무리 확고해도 중간 중간 여러 종류의 스트레스에 시달리게 마련이다. 나의 경우에는 잘못된 영어를 말도 안 되는 방법으로 가르치는 사람이 대중에게 인정받고 사랑받으며 돈까지 벌어들이는 모습을 볼 때 스트레스를 받는다. 이런 사람들이 뻔뻔하게 옆에 서 있으면 세상이 참 실망스럽고, 자괴감이 밀려오며, 가끔은 고립된 듯한 느낌까지 들면서 지금 내가 제대로 살고 있는 것인가라는 의문이 든다.

세상의 부조리에 영합하고, 요리조리 기회를 엿보다 낚아채면 오히려 속 편하게 살 수 있을 것만 같다.

하지만 이런 자괴감과 흔들림이 장기간 지속되면 목표 자체가 무너지고 만다. 그런 사실을 잘 알기에 중간 중간 이런 방해 요소가 닥치고, 스트레스가 몰려와도 그것 또한 삶의 일부려니 생각하면서 늘 하던 방식대로 우직하게 목표를 행해 나아가려 노력한다. 한마디로 목표를 향해 온정신을 집중하는 것, 그리고 생각이나 시간을 분산시키지 않고 한곳에 집중하는 것이 나의 모토인 '최선을 다하자'를 실천하는 방법이다.

인생 목표가 정해졌다면 자신만의 모토를 만들자. 그럼 하루하루의 시간이 소중하게 다가오고, 자신의 존재 가치도 그 전과는 다르게 다가올 것이다. 여기에 멘토까지 있다면 그야말로 금상첨화이다. 멘토로 삼을 만한 사람을 마음속에 두고 한 걸음 한 걸음 전진해 나간다면 좌절이나 시련이 다가와도 금방 훌훌 털어버리고 일어설 수 있을 것이다.

물론 멘토를 정할 때도 신중해야 한다. 그 사람의 말과 행동이 일치하는지, 확고한 목표를 갖고 인생을 살아가는지, 올바른 세계관과 가치관을 갖고 있는지도 충분히 고려해야 한다.

그런 점에서 자신에게 가장 좋은 멘토는 자기 자신일 수 있다. 명확한 목표를 세우고 자신이 하는 일에 최선을 다하면서 다른 사람에게 도움이 될 수 있는 방법까지 찾는다면 이보다 더 좋은 멘토가 어디 있겠는가. 그럼 자기 자신을 돌아보는 일에도 능숙해져 사회생활에 있어서는 물론, 인간적으로도 좀 더 성숙해질 수 있다.

간혹 의도하진 않았지만 살아가다 보니 자연스럽게 생기는 목표와 모토도 있다. 즉, 어떤 일에 관심을 가지고 꾸준히 노력하다 보면 어느새 하나의 습관처럼 자리 잡는 모토가 생기는 것이다.

나의 경우에는 다른 측면은 모르겠지만, 최고의 영어 실력이라는 목표를 이루기 위해 성실하게 공부하고 꾸준히 노력하면서 무의식중에 '최선을 다하자'라는 모토가 생겼다. 무슨 일이 생기든, 기분이 어떠하든 상관없이 늘 일정한 시간 동안 영어 공부를 하고, 새로운 자료를 수집하는 일을 게을리 하지 않다 보니, 영어에서만큼은 최선을 다하는 버릇이 생긴 것이다. 그리고 이런 버릇이 사라지지 않도록 지금도 어느 정도 긴장감을 갖고 생활하면서 '최선을 다하자'는 말을 되뇌곤 한다. 이처럼 어떤 일에 집중하다 보면 자신만의 모토가 뚜렷해지는 경우가 종종 있다.

우리나라 사람들은 선진국 국민에 비해 40, 50세가 되어서도 어떻게 살아야 할지 몰라 우왕좌왕하는 경우가 많은 듯하다. 어려서부터 확고한 인생 목표와 모토를 갖고 살아가기보다, 시험 성적과 등수에만 매달려 하루하루를 보내느라 생긴 병폐라고 생각한다. 우리 아이들은 지엽적 사고에서 벗어나 인생 목표를 뚜렷하게 정하고 올바른 세계관과 가치관을 갖고 살아가는 것이 얼마나 중요한지를 학교에서나, 집에서나 제대로 배우지 못하고 있다.

이것은 단지 영어 공부에만 해당하는 이야기가 아니다. 어떤 공부를 하든, 어떤 직업을 갖든, 어떤 취미를 즐기든 상관없이 모든 사람에게 적용되는 이야기가 아닐까 싶다. 인생에서 부딪히는 수많은 방해 요소와 스트레스에 좌절하지 않으려면 우리 아이와 청소년에게 무엇이 먼저이고 어떤 것이 중요한지, 그리고 어떤 세계관과 가치관을 갖고 살아가야 하는지를 알려줄 필요가 있다.

인생 목표와 모토를 정했다면 그다음 중요한 것은 시간을 분산하지 않고 한곳에 집중하는 일이다. 서점에 나와 있는 처세술이나 자기계발 책들을 보면 스케줄을 단순화하고, 시간 매니지먼트를 잘하며, 돈 관리를 철저히 하라고 충고한다. 이렇게 다양한 충고 속에 담긴 하나의 굵은 줄기는 바로 시간 관리의 중요성이다.

예전에는 우리의 집중을 방해하는 것이 텔레비전과 라디오밖에 없었다. 하지만 지금은 워낙 많은 것들이 우리의 시간을 분산시키고 있다. 이곳에서 저곳으로 옮겨 다녀야 하는 육체적 시간 분산이 아니라, 스마트폰이나 인터넷 같은 정신적 시간 분산 요소가 많아지면서 인생 목표와 모토마저 쉽게 무너지고 있는 실정이다. 그만큼 주의집중과 확고한 의지가 중요해진 셈이다. 이는 사회적으로 어떤 위치에 있든, 어떤 화려한 이력을 지니고 있든, 나이가 몇 살이든 상관없이 누구에게나 적용되는 이야기다.

하지만 우리 사회는 각 개인에게 인생 비전을 제시해주지 못하기 때문에 국민 자체도 인생을 설계하는 능력이 많이 부족한 느낌이다. 그 부족한 능력 탓에 자기 확신이 별로 없고, 인생 목표나 모토를 갖고 있더라도 작은 변화에 쉽게 무너지고 마는 경향이 다른 나라 국민에 비해 강한 편이다.

미국의 경우에는 70세가 넘은 나이에 새로운 사업에 뛰어들어 성공하는 사람들이 많다. 사회가 그들을 받아들일 환경을 마련해 놓았고, 개인은 그것을 활용할 자세와 준비를 갖춘 상태라 가능한 일이다. 그에 반해 우리는 한창인 50, 60대에 은퇴를 준비하고 그 이후 시간을 등산이나 골프 같은 소일거리로 보낸다. 그렇게 살기엔 은퇴 이후 삶의 기간이 너무 길며, 자칫 허망함을 느껴 자신의 존재 가치조차 의심할 수 있다. 그럼 점에서 언제나 공부하고 준비하면서 확고한 목표와 명확한 모토를 갖고 전진해 나가는 습관을 한 살이라도 어릴 때 들여 놓는 것이 필요하지 않을까 싶다. 자신의 인생을 누구보다 소중하게 생각한다면, 그리고 자신이 누군가에게는 멘토가 될 수 있다고 생각한다면 말이다.

여담으로, 서점에 가보면 유독 자기계발서가 잘 나가는 편이다. 그런데 이런 자기계발서는 대부분 준비가 된, 만반의 준비를 마친 사람에게 방향을 제시해주는 내용이다. 즉, 준비 안 된 사람이 이렇게 하면 성공할 수 있다는 내용이 아니라, 준비가 된 사람이 어떻게 하면 성공하고 목표를 이룰 수 있는지에 대해 이야기하고 있는 것이다. 그리고 그런 사람에게 모토를 제시하고, 멘토를 만들어줌으로써 좀 더 빠르게 인생 목표에 도달할 수 있도록 돕는다. 그런데 우리나라에는 사회적으로나 개인적으로 준비가 덜 된 사람이 대부분이며, 이런 사람들이 자기계발서를 구입해 읽는다고 해도 달라지는 것은 없다. 책에 나온 대로 해도 되는 일이 없다는 불평만 늘어놓을 것이다. 그런 점에서 준비가 안 된 대부분의 사람을 위한 '자기계발서 구독 전 필도서' 같은 종류의 책도 나와야 하지 않을까 생각한다.

선진국은 국민총생산(GNP)으로 결정되지만, 사실 국민이 얼마나 많이 공부하면서 인생의 목표를 뚜렷하게 잡았는지, 그리고 얼마나 성실하게 준비하면서 노력하는지가 선진국 진입에 더 중요한 요소라고 생각한다. 공부하지 않으면 목표를 세울 수 없고, 목표가 없으면 자신이 어떤 준비를 해야 하는지조차 알 수 없으며, 준비가 안 된 사람은 기회가 찾아와도 결코 잡을 수 없다. 따라서 사회는 국민이 공부하고 준비하며 노력할 수 있도록 환경을 조성하고, 각 개인은 시간 관리를 잘하면서 자기 인생에서 무엇이 중요한지를 늘 되뇌며 하루하루 공부하는 자세로 살아야 한다. 그래야 갑자기 찾아온 기회를 놓쳐서 아쉬워하는 일이 적어질 테고, 은퇴 이후의 긴 시간도 의미 있게 보낼 수 있을 테니 말이다.

성공을 바란다면 공부하라

4

사람을 여러 유형으로 나눌 수 있겠지만, 속되게 두 유형으로 나눈다면 잔머리 굴리는 사람과 굵은 머리를 굴리는 사람이 있다. 잔머리를 굴리는 사람은 순발력이 뛰어나 어떤 일을 하든 순식간에 보고서나 결과물을 만들어내고, 국가에서 돈을 준다고 하면 귀신같이 그 돈을 받아먹을 줄 안다.

이런 사람들은 오랜 시간 앉아서 꾸준히 하는 일에 약하기 때문에 깊이 있는 전문 지식을 쌓기는 어렵다. 그래서 순간순간 기지를 발휘해 일을 처리하거나 위기를 모면한다. 물론 이런 기지도 타고난 능력일 수 있지만, 사회적으로 명성을 얻고 성공의 길에 들어서는 데는 부족함이 있다.

한순간 어려움을 겪어도 결국 성공이라는 열매를 맛보는 쪽은 굵은 머리를 굴리는 사람이다. 단지 우리 사회가 차분히 실력을 쌓으면서 전문 지식을 깊이 있게 공부하고 그것을 사회에 구현하기 위해 준비하는 사람을 기다려주지 않아. 어떤 이는 성공의 문턱에서 좌절을 맛볼 수밖에 없다. 특히 이 사회에서는 뭐든 빨리빨리 해야 하기 때문에 오랜 준비 과정을 거치는 사람을 이해하지 못하며, 오히려 그들에게 주어진 기회를 박탈하는 경우도 종종 벌어진다.

무슨 일이든 빨리하면 대충하는 데 익숙해지게 마련이다. 영어 공부도 정확하게 꼼꼼히 하기보다 대충하고 넘어가는 사람이 대부분이다. 특히 영어 독해의 경우, 시험 문제에 나오는 지문만 이해하면 된다고 생각해 대충 읽어본 뒤 문제를 푸는 훈련만 반복한다. 심지어 어떤 영어 선생님은 아예 대놓고 50분 안에 풀어야 할 문제와 읽어야 할 지문이 많으니까 대충 훑어보고 넘어가라고 조언(?)하기도 한다.

그런데 사람들이 생각하는 것과 달리 영어 지문을 모두 읽어도 문제를 푸는 시간은 똑같이 걸린다. 즉, 꼼꼼하게 공부한 내용을 머릿속에 지식으로 축적해온 사람은 시험 문제에 나온 지문을 읽을 때 자기가 가진 지식을 바탕으로 속독을 해나갈 수 있어 시험 시간 부족으로 어려움을 겪는 경우는 거의 없다. 게다가 이렇게 쌓은 지식은 머릿속에서 쉽게 사라지지 않아 시험 문제를 풀 때뿐 아니라, 다른 분야에서도 그 지식을 충분히 발현하고 응용할 수 있다.

반면, 이 문제는 이렇게 풀고, 저 문제는 저렇게 푼다는 식으로 대강 요령만 익힌 사람은 시험이 끝나는 것과 동시에 머릿속에 있던 내용이 모두 신기루처럼 사라져버린다. 이런 현상은 건망증 때문이 아니다. 물론 그렇게 믿고 싶겠지만, 건망증이 심해서가 아니라 공부를 공부답지 않게 대충하고 넘어가서 생기는 현상이다. 그러니 쉽게 잊어버리는 머리를 쥐어박을 것이 아니라, 자신의 공부 태도를 탓하고 마음가짐을 야단쳐야 한다.

어떤 일에서든 공부를 대충하는 습관을 가진 사람은 결코 성공할 수 없다. 시간이 조금만 지나면 지식이 너무 없거나 얕고, 모든 일을 순발력과 기지에만 의지해 해결하려 한다는 사실이 주변에 쫙 알려지기 때문이다. 성공은 폭 넓고 깊이 있는 지식을 갖춘, 준비된 사람에게만 달콤한 열매를 선물한다. 그러니 성공하고 싶다면 정확한 내용을 제대로 공부하라. 그래서 자신만의 전문 지식을 쌓고, 그것을 이 사회에서 구현하기 위해 끊임없이 노력하라.

전문화라고 하면 사람들은 특별한 직업만을 떠올리는 경향이 있는데, 일반 회사에 다니더라도 자신이 맡은 업무에서 충분히 전문성을 확보할 수 있다. 회사에서 컴퓨터 프로그램을 담당할 경우, 남들보다 새로운 조사 결과를 빨리 받아들이고 꾸준히 연구해 회사 직원 모두가 인정하는 사람이 된다면 이것이 곧 전문화이다. 그리고 회사에서 서류 정리 일을 하더라도 어떤 태도로 서류를 분류하고 어떤 마음으로 서류를 관리할지를 늘 고민하면서 노력한다면 이 역시 자기 업무에 전문성을 부여하는 것이다. 즉, 전문성은 자신이 일하는, 또는 일하고자 하는 분야에서 쌓는 것이지 전혀 엉뚱한 곳에서 유행을 선도하는 일을 찾아야만 얻어지는 것이 아니다.

일본은 장인정신이 투철한 나라로도 잘 알려져 있다. 일본에서 출간되는 수많은 만화를 보면 다양한 분야에서 장인정신을 이어가고 있는 집안을 배경으로 한 내용들이 많다. 어떻게 국수집이 5대를 거쳐 내려오고, 초밥집이 3대 내내 최고의 맛을 이어오는지 신기할 따름이다. 하지만 정작 본인들은 신기해하지 않는 것 같다. 국수 한 그릇을 말더라도 어떻게 해야 더 맛있을지를 고민하고, 특별한 비법이 더 없을지를 연구하는 것을 당연하게 생각하기 때문이다.

이런 장인정신을 이어갈 수 있는 이유는 사회 자체가 공부하는 사람을 이해하고 기다려주는 문화를 갖고 있기 때문이다. 즉, 잔머리를 굴리는 사람보다 굵은 머리를 쓰는 사람을 선호하고 인정하는 것이다. 이런 문화가 뿌리 내린 사회에서는 지식과 실력을 쌓기 위해 공부하고 노력하는 사람이라면 누구나 성공의 열매를 맛볼 수 있다. 즉, 성공의 기회가 특권층에게만 주어지는 혜택이 아니라, 노력하고 공부하는 사람 모두에게 주어지는 당연한 권리가 되는 것이다. 그러므로 우리 사회도 이제부터는 빨리빨리라는 말을 좀 잊고, 무엇이 최선이자 완성도 높은 일인지를 고민하면서 전문 지식을 쌓아가는 사람들을 기다려줄 수 있는 여유를 가졌으면 하는 바람이다.

Plus 1 • 실력으로 승부하자

실력으로 승부한다는 것은 정말 힘들다. 심지어 대부분의 사람은 뭐가 실력인지조차 구분하지 못한다. 영어를 하면서 가장 듣기 싫은 말 가운데 하나가 "영어, 다 똑같잖아요"라는 말이다. 그리고 출판사 영업 담당자들이 "영어 책 다 똑같은 거 아니에요? 만들어만 주세요, 팔 테니까"라는 말을 할 때면 정말 기운이 쏙 빠진다. 어디 영어뿐이랴. 우리 사회 곳곳에는 진정한 실력을 알아보지 못하는 사람이 널려 있다. 대부분의 사람이 실력을 알아보지 못하는 이유는 공부를 안 하기 때문이다. 자신의 실력을 발휘하기 위해서는 반드시 공부를 해야 하지만, 다른 사람의 실력을 알아보기 위해서도 공부는 필수불가결한 요소이다.

실력이 있다는 말은 남이 모르는 것을 빈틈없이 알고, 어떤 질문에도 대답할 수 있으며, 누가 어떤 소리를 해도 흔들리지 않는다는 뜻이다. 이런 실력을 갖추기 위해서는 끊임없이 공부하고, 정보를 받아들이며, 자기가 아는 바를 남에게 정확히 설명할 수 있도록 훈련을 게을리 해서는 안 된다.

이 과정에서 누구나 한 번쯤은 좌절하고 실망할 것이다. 하지만 자신의 최종 목표를 버리지 않고, 기초를 탄탄히 다져온 사람이라면 중간에 어떤 어려움이 닥쳐도 결국 정상에 오를 수 있다. 그러므로 실력을 쌓고, 그것을 구현하는 일에 조급해할 필요가 없다.

경험해보니, 온갖 좌절과 스트레스를 이기고 물리(物理)가 트이는 데는

10년 이상의 시간이 걸린다. 그 시간을 인내하면서 목표를 향해 차근차근 공부하고 준비해온 사람은 남에게 실력을 인정받는, 진정한 전문가로서 성공할 수 있다.

그러니 아무리 힘들어도 편법을 쓰거나 빠른 길이 있겠거니 해서 여기저기 기웃거릴 생각은 하지 마라. 자기 혼자만 인정하는 실력이 아닌, 남에게 인정받는 실력을 갖추기 위해서는 정도를 걸으면서 공부하고 준비하는 방법밖에 없다. 이런 사람들이 만들어 가는 우리 문화를 세계에 소개하기 위해서는 영어 실력이 필수 중 필수이다. 이래저래 영어는 우리에게 부담이자, 수단이자, 능력인 것이다.

5

대학교에 들어가 열심히 영어 공부를 하는데, 어느 날 갑자기 '내가 잘하면 사람들이 나를 찾아올 것이다'라는 생각이 들었다. 왜 갑자기 그런 생각이 들었는지는 모르겠다. 아마도 가진 것이 하나도 없고, 다른 사람의 도움 없이 혼자 공부해서 성공해야 했기 때문에 실력을 쌓아 놓으면 누군가가 반드시 나를 필요로 하리라고 믿고 싶었던 것 같다.

그러다가 첫 기회가 찾아왔다. 당시 인기 DJ였던 김광한 씨가 나에게 함께 일하자고 제안해온 것이다. 팝송을 전혀 모르던 내가 그 기회를 잡을 수 있었던 것은 영어를 열심히 공부하는 사람이었기 때문에, 그리고 음악을 무척 좋아하는 사람이었기 때문이다. 비록 낯설고 아는 바가 전혀 없는 분야였지만, 내가 늘 공부하고 실력을 닦았던 영어를 바탕으로 하는 것이라 충분히 해낼 수 있으리라는 생각이 들었고, 두려움 없이 기회를 잡을 수 있었다. 오히려 당장은 팝송에 대해 전혀 몰라도 2~3년 안에는 팝 전문가가 되어 있겠다는 새로운 목표까지 생겼다. 이 목표를 이루기 위해 하루하루 열심히 공부했고, 시간 관리도 철저히 해가며 완벽하게 준비해나갔다.

그런데 당시 그 준비 과정이라는 것이 조금 남달랐다. 보통사람은 우리말로 번역된 자료들로 가수와 노래에 대한 정보를 얻었지만, 나는 팝과 관련된 영어 원서들을 직접 사서 공부했다. 그 덕에 다른 사람들이 모르는 정보와 다른 사람들이 갖고 있지 않은 자료를 많이 확보하고 있었고, 그만큼 아주 빠른 속도로 차별화된 팝 지식을 갖출 수 있었다.

처음 목표와 달리 팝 전문가로 자리매김하는 데 5년 넘는 시간이 걸리긴 했지만, 그래도 영어라는 강력한 무기를 지니고 있었기에 누구에게나 인정받는 전문가가 될 수 있었다. 만일 팝 전문가가 되겠다고 마음먹은 뒤 우리말로 번역된 자료들만 참고하면서 영어 공부를 등한시했다면, 아마도 영어와 팝 두 개를 모두 놓쳤을 것이다. 하지만 나는 이 두 개를 교묘하게 절충함으로써 그 뒤에 이어지는 기회들도 확실히 잡을 수 있었다.

팝을 소재로 라디오 방송을 하다 보니 '텔레비전 방송에서도 영어를 가르칠 수 있지 않을까'라는 막연한 생각이 들었다. 주변 사람들은 텔레비전에 출연하려면 많은 돈을 내고 방송 시간대를 사야 한다고 말했다. 하지만 나는 그때도 역시 '실력이 있으면 나를 필요로 하는 사람이 반드시 찾아올 것이다'라는 확신을 갖고 있었다. 그러한 확신 덕에 더 철저히 준비하고 공부하는 데 게으름을 피우지 않을 수 있었다.

그렇게 준비하면서 막연하긴 해도 TV에서 영어를 가르쳤으면 좋겠다는 꿈을 잃지 않고 있던 나에게 정말 기회가 찾아왔다. 기회가 왔을 때 그 기회를 확실히 잡으려면, 나를 필요로 하는 상대방에게 내가 예상 이상으로 더 철저하게 준비된 사람이라는 사실을 입증해 보여야 한다. 그래야 상대방도 나를 편하게 선택할 수 있을 테니 말이다.

〈SBS 생활영어〉 진행자 후보로 나와 경쟁하던 14명의 영어 전문가 중에는 나보다 좋은 조건과 외모, 경력을 지닌 사람도 많았을 것이다. 그런데도 담당 PD가 나를 선택했던 이유는 내가 낸 책들이 PD가 원하던 방송 스타일에 잘 맞을 만큼 다양성을 띠고 있던 데다, 자신감이 넘쳐 보여서였다고 한다. 결과론적으로 본다면, 당시 나는 텔레비전 방송을 위해 다양한 교재를 쓰고, 팝 전문가가 되고, 학생들에게 영어를 가르쳤던 것인지도 모른다.

책을 낼 때도 마찬가지다. 독자에게 '이 저자는 정말 좋은 책을 쓰는구나', '진짜 전문가이구나', '공부를 많이 한 사람이구나'라는 인상을 전달하지 못한다면 책을 1~2권만 내고 끝날 수밖에 없다. 설령 4~5권을 낸다고 해도 매번 똑같은 내용을 편집만 달리함으로써 독자들을 기만한다.

영어를 가르치는 선생님이라면 자신이 모으고 정리한 콘텐츠를 활용해 영어 공부를 하고자 하는 사람에게 다양한 형식과 유형의 책을 선보일 수 있어야 한다. 그리고 부지런히 콘텐츠를 모으고 정리해 시대 변화에 발 빠르게 대처하는 것은 물론, 독자에게 바로바로 소개하는 일이 하나의 의무일 것이다. 그러기 위해서는 늘 준비하고 공부하는 자세가 필요하다. 다만, 우리나라 독자들이 유행에 편승하지 않고, 어떤 책이 좋은 콘텐츠를 담은 가치 있는 책인지를 구분할 줄 아는 안목을 좀 더 키웠으면 하는 바람이다.

영어 분야만 그런 것은 결코 아니라고 믿는다. 준비된 자와 준비하는 자, 그리고 앞으로도 준비를 계속할 자에게만 성공의 길, 기회의 문은 열려 있다. 자신에게 찾아온 성공의 기회를 놓치지 않길 바란다.

Plus 1 • 최고에게도 최선은 필요하다

최선을 다한다는 것은 그렇게 쉬운 일이 아니다. 다른 것을 다 접어둔 채 목표로 정한 한 가지 일에만 매진한다는 뜻이기 때문이다. 이 일 저 일 하면서 최선을 다한다는 것은 거짓말이다. 최선을 다하려면 절대적인 시간과 노력이 한곳에 집중되어야 한다.

예를 들어, 내 직업이 학생을 가르치는 것이라면 잠자는 시간 외에는 해당 과목을 공부하면서 학생을 가르치는 일에만 몰두해야 한다. 내 직업이 만일 야구선수라면 잠자는 시간 외에는 야구만 해야 최고의 선수가 될 수 있다. 남들 놀 때 다 놀면 나 역시 그들만큼의 실력밖에 가질 수 없다.

영어 공부를 할 때도 최선을 다해야 한다. 핑계가 있어서는 안 된다. 하루에 3시간씩 공부하기로 했다면 무슨 일이 있어도 3시간은 공부해야 한다. 오늘은 피곤해서, 약속이 있어서, 바빠서 공부를 안 한다면 영어 실력은 절대 늘지 않는다. 자신과의 약속조차 지키지 못하는 사람은 최고가 되겠다는 생각을 일찌감치 버리는 것이 속편할지도 모른다.

　최고의 자리에 오른 사람은 최선의 노력을 습관화한 사람이다. 그들이라고 하기 싫고, 힘들고, 좌절했던 순간이 왜 없었겠는가. 그럼에도 그들이 최고가 될 수 있었던 이유는 최선의 노력이 몸에 밸 만큼 자신을 채찍질했기 때문이다. 세상에 쉽게 얻어지는 것은 없다는 사실을 모르는 사람은 없을 듯싶다. 반면, 최고의 자리에 오르는 사람은 그리 많지 않다. 그만큼 노력을 습관화하고 최선을 다한다는 것이 어렵다는 방증이다. 그래도 습관의 힘을 믿는다면 누구나 할 수 있는 것이 최선을 다하는 일이다. 최선을 다하면 성공은 따라오게 되어 있다. 단, 최선을 다하지 않으면서 최선을 다하고 있다고 자위하지 마라. 그것도 습관이 될 수 있으니 말이다.

6

사람들은 요즘 세상이 너무 빠르고 복잡하게 변한다고 말한다. 하지만 이것은 그저 멀찌감치 떨어져 제3자의 시선으로 바라볼 때의 이야기다. 사회 속에서 그 변화를 즐기는 사람은 빠른 변화가 오히려 즐겁게 느껴지고, 복잡한 것이 당연한 흐름처럼 다가오기 때문에 결코 당황하거나 혼란스러워하지 않는다. 변화는 시간의 흐름처럼 이 시대에서는 당연한 진리이다.

내가 처음 팝송을 듣기 시작했을 때 우리나라에서는 발라드가 대세였다. 물론 지금도 그렇지만, 우리나라 사람은 발라드 음악을 좋아하는 경향이 강하고, 그런 사람에게 록 음악을 들려주면 너무 시끄럽고 정신없다고 말한다. 반면, 록을 참 열심히 듣는 사람은 그 음악이 무척 편하게 들린다고 한다. 록이 더 진화해 나온 헤비메탈은 금속성 음이 많이 들어가고 일렉트릭 기타 소리가 무척 강한 음악 장르이다. 그런데 이런 헤비메탈을 즐겨 듣는 애호가들은 헤비메탈이 그렇게 조용할 수가 없다고 말한다. 여기에서 조용하다는 것은 헤비메탈 음악을 들었을 때 거부감이 안 들 뿐 아니라, 정신없는 듯한 분위기에서도 멜로디가 귀에 쏙쏙 들어온다는 뜻이다. 헤비메탈을 넘어서면 데스메탈(Death Metal)이라는 것이 있다. 처음 데스메탈을 들었을 때 정말 죽는 줄 알았다. 그 소리는 우리의 상상 이상이다. 그런데 데스메탈을 좋아하는 사람은 거의 미칠 정도로 폭 빠져 있다. 결국 자신이 어디에 폭 빠져서 좋아하면 그것이 힘들거나 거북스럽거나 혼란스럽지 않은 법이다.

마찬가지로 세상의 빠른 변화에 동조하지 않으면 정신을 못 차린 채 뒤처지고 만다. 예를 들어, 스마트폰과 태블릿PC(아이패드, 갤럭시탭)가 처음 세상에 나왔을 때 휴대전화 약정이 아직 남아 있다며 천천히 산다는 사람이 있었고, 약정이고 뭐고 바로 사버린 사람도 있었으며, 그런 것에 전혀 관심 없다며 쳐다보지도 않는 사람도 있었다. 뭐, 이런 것쯤이야 개인 취향이자 성향이니 강요할 수 없는 부분이다.

하지만 스마트폰과 태블릿PC를 사지 않더라도 그 기기가 어떤 기능을 갖고 있고, 이 세계에 어떤 영향을 미치며, 앞으로 어떻게 진화할지에 대한 정보 정도는 알고 있어야 한다. 즉, 새로운 기기를 가장 먼저 사서 성능을 시험하는 '얼리 어답터(Early Adaptor)'가 되라는 것이 아니라, 기기는 갖고 있지 않아도 머릿속으로는 그것을 이해하고 받아들이는 '정신적 얼리 어답터'가 되라는 뜻이다. 그래야 빠르게 변화하는 세상에 놀라거나 두려움을 갖거나 당황하거나 뒤처지는 일이 없다.

지금까지 노력하고 공부해 굵은 머리를 만들어놓았다고 해도 공부한 내용이 이 시대에 필요 없는 것이라면 트럼프로 성을 쌓은 꼴이 되고 만다. 그러기엔 노력이, 시간이, 열정이 너무 아깝지 않은가.

예전에 나는 일 년에 몇 번씩 일본이나 미국으로 날아가 많은 돈을 들여 영어 관련 자료들을 사오곤 했다(그 돈만 해도 아마 수억 원은 될 것이다). 몇 년 동안 그 작업을 했으니, 상상할 수 없을 정도로 많은 자료들이 집 안 곳곳에 쌓여 있었다. 어떤 때는 자료를 정리하는 데만 몇 날 며칠이 걸리기도 했다. 내가 외국에서 직접 사온 자료 중에는 우리나라에서 나만 소장한 것들도 있었다. 그래서 전문가들도 나에게 자료를 빌리러 오고, 심지어 레코드회사에서 내가 사온 음반을 가져다 한국판을 찍어내기도 했다.

그런데 어느 순간 이런 것들이 의미가 없어졌다. 인터넷이 등장하고, MP3가 보급되고, 스마트폰과 태블릿PC가 나오면서 전 세계에 있는 자료들을 자기 방에서 손쉽게 구할 수 있는 시대가 됐기 때문이다. 그렇다고 내가 이러한 시대 변화에 한탄하면서 지금까지 모아온 자료들을 아까워만 해야겠는가. 아니다. 나도 다른 사람들과 마찬가지로 돈 주고 살 수 없던 자료나, 미처 찾지 못했던 자료를 손에 넣을 수 있는 기회를 얻게 된 셈이다. 그리고 이런 기회를 통해 인생 목표를 이룰 수 있는 새로운 방법을 찾고, 그것에 맞춰 노력하면서 시대 변화를 즐기고 있는 중이다. 즉,

목표나 모토는 예전과 같아도 그것들을 이루기 위한 내용과 방법이 질적으로 풍요로워짐으로써 더 많은 이득을 보고 있는 것이다.

특히 태블릿PC를 사용하면서 영국 신문, 미국 신문을 죄다 모아놓은 애플리케이션이 있는 것을 발견하고 놀라워하면서도 무척 기뻤던 기억이 난다. 또한 우리나라에는 e북 리더기가 보편화되어 있지 않지만, 미국의 경우에는 아마존닷컴에서 판매하는 킨들(kindle)이 유명하다. 그런데 해외 고객들은 킨들을 구매하는 데 제한이 있었다. 아마존닷컴에서 판매하는 e북을 사서 볼 수 없었던 것이다. 그런데 애플사에서 내놓은 아이패드에 킨들이 탑재됨으로써 아마존닷컴에 있는 e북들을 아이패드에 다운로드해 볼 수 있게 됐다.

삼성에서 나온 갤럭시탭도 마찬가지다. 몇 년 전까지만 해도 그 많은 책을 종이책으로 소장하고, 자료를 찾기 위해 책에 일일이 표시해두어야 했던 노고가 태블릿PC의 등장으로 간단히 처리할 수 있는 일이 된 것이다. 시간적으로 얼마나 큰 절약인가.

그런데 아이패드를 사서 e북을 읽는 것으로 끝난다면 시대 변화에 적응한 것이라고 볼 수 없다. 전자기기 하나를 더 산 것에 불과하다. 아이패드나 갤럭시탭 같은 태블릿PC는 많은 기능과 다양한 애플리케이션을 갖추고 있다. 이것들을 충분히 활용하는 사람만이 시대 변화에 적응하고 그 변화를 즐긴다고 할 수 있다.

예를 들어, 나의 경우에는 태블릿PC가 등장하기 전까지는 어떤 영어 동사가 어떤 책에서 어디에 쓰였는지를 확인하려면 과거에 수없이 책을 읽으면서 정리해 놓았던 데이터를 열어 그 동사를 검색하는 방법을 써야 했다. 다시 말해, 불과 얼마 전까지만 해도 미리미리 책을 많이 읽고 그 책에서 좋은 표현이나 단어가 들어간 문장들을 뽑아 데이터베이스화 해 놓아야 동사의 쓰임을 확인하고 활용할 수 있었던 것이다. 정말 시간과 에너지가 많이 필요한 작업이었다.

하지만 요즘에는 아이패드에 탑재된 킨들에 책 한 권을 다운로드해 놓고 입력란에 영어 동사를 입력하면 그 동사가 사용된 문장들이 죽 나온다. 이런 기능은 특히 강의를 하거나 책을 쓸 때 무척 유용하다. 학생이나 독자에게 다양한 예를 제시할 수 있고, 입체적 영어의 중요성을 생생한 사례를 통해 설명할 수 있기 때문이다. 그런 점에서 종이책은 단순히 읽기를 위한 것이고, 태블릿PC는 읽기 기능에 자료 검색 기능까지 갖춘 기기라고 할 수 있다.

이것은 어디까지나 영어와 관련한 아주 작은 예일 뿐이다. 태블릿PC에는 수많은 애플리케이션이 존재하며, 그것들은 일반인은 물론 전문가로 하여금 새로운 정보와 자료들을 빠른 시간 안에 검색하고 활용할 수 있도록 돕는다. 따라서 요즘 같은 시대에는 태블릿PC를 능숙하게 다루고, 그 안에 탑재된 애플리케이션을 충분히 활용할 줄 아는 능력을 갖추는 것도 자신의 목표를 이루는 데 반드시 필요한 하나의 준비 과정이라고 할 수 있다.

누구에게나 똑같이 주어진 시간을 다른 사람보다 효율적으로 사용하고 싶다면, 시대의 변화를 무시하거나 그 변화에 뒤처져서는 안 된다. 세상은 우리가 예측할 수 있는 방향으로, 하지만 우리가 예상한 것보다는 빠르게 변하고 있다. 그러니 정신적 얼리 어댑터가 될 수 있도록 어느 정도의 긴장감을 가질 필요는 있다.

Plus 1 · 대세는 거스를 수 없다

오사마 빈 라덴의 죽음을 가장 먼저 특종 보도한 곳이 어디인지 아는가. 〈CNN〉도, 〈뉴욕타임스〉도 아닌 바로 트위터였다. 미국 도널드 럼즈펠드 전 국방장관의 보좌관인 키스 어반이 트위터에 올린 글이 최초의 사망 특종이었던 것이다. 또한 삼성전자는 오래 전 '2011 모바일월드콩그레스(MWC)'에서 '갤럭시S2'를 처음 공개하면서 페이스북을 통해 생중계했고, 당시 전 세계 누리꾼 17만여 명이 그 모습을 지켜봤다. 코카콜라, 스타벅스 등도 페이스북과 트위터 같은 소셜네트워크서비스(SNS)를 통해 전 세계에 있는 자사 제품 이용객의 요구에 발 빠르게 대처하면서 회사 이미지를 이미 끌어올리고 있다.

이렇듯 요즘 세상은 스마트폰과 SNS를 빼면 설명이 불가능할 정도로 전 세계인의 관심이 거기에 집중되고 있다. 사실 우리나라는 온라인 카페 문화가 세계에서 가장 발달해 있어, SNS가 처음 세상에 나왔을 때 시큰둥한 반응을 보였다. 하지만 지금은 온라인 카페 문화와는 별개로 SNS를 뉴스와 정보를 가장 빨리 전하고 접하는 통로로 활용하고 있다. 그런데 문제는 우리는 우리끼리만 소통하고 대화한다는 점이다.

전 세계인이 주목하는 스마트폰과 SNS를 통해 우리나라를 세계에 소개하는 사람이 과연 몇 명이나 될까. 세계에 소개한다는 말이 관광 유치를 뜻하는 것은 아니다. 우리나라 사람이 가진 뛰어난 능력과 기술, 우리나라에만 있는 권할 만한 문화를 세계인에게 알리는 것을 뜻한다. 아무리 뛰어난 능력과 기술을 갖고 있다고 해도 국제 사회에서 인정받지 못한 채 우리끼리만 정보를 주고받는다면 우물 안 개구리로 끝나고 만다. 그냥 우리끼리만 좋고 마는 것이다.

우리가 가진 기술, 능력, 문화를 세계에 알리려면 영어화되어 있어야 한다. 결국 트위터나 페이스북 같은 SNS는 미국에서 만들어졌고, 세계의 스마트폰 시장과 태블릿PC 시장을 먼저 선도했던 것도 미국에서 만들어진 아이폰과 아이패드이다. 그만큼 이것들은 철저히 미국 문화를 기반으로 만들어졌다.

미국 문화를 기반으로 했으니 그것을 배척해야 한다고 말하는 사람은 없을 것이다. 미국이라는 나라는 이런 도구들을 통해 세계에 자신의 문화를 알리는 동시에, 철저한 현지화를 통해 누구라도 쉽게 적응하고 따라올 수 있도록 돕고 있다. 이것이 바로 선진 문화의 본보기이자 미국이 지닌 문화 파워이다. 즉, 남을 위한 배려 위에 자기 것을 살짝 얹힘으로써 전 세계인이 거부감 없이 미국 문화를 받아들이도록 하고 있는 것이다.

그렇다면 우리는 그들이 원하는 대로 미국 문화를 받아들이기만 해야 할까. 아니다. 우리는 미국을 벤치마킹하면 된다. 즉, 그들이 만들어 놓은 우수한 기기와 네트워크를 활용해 역으로 우리의 기술, 능력, 문화를 그들에게 소개하고, 그들로 하여금 우리 것을 찾도록 만들면 되는 것이다. 그러기 위해서는 먼저 영어를 제대로 할 줄 알아야 한다. 세계의 모든 소식과 정보가 영어로 가장 먼저 소개되는 요즘 같은 시대에 영어를 할 줄 모른다면 우리의 것을 알리는 데 한계가 있을 수밖에 없다.

처음 트위터나 페이스북이 나왔을 때 관련 전문가들은 별것도 아닌 기술이라며 무시했을지도 모른다. 실제로 기술적으로는 그리 어려운 문제가 아니라고 한다. 하지만 그것이 가지는 문화 파워는 실로 엄청나다. 우리가 버락 오바마의 팔로워(follower)가 되고, 오프라 윈프리의 팔로워가 될 수 있으리라고 상상이나 했는가. 하버드 대학생이 만든 외모 인기투표 사이트에서 시작된 페이스북이 그 창업자인 32세(2016년 현재)의 마크 주커버그를 〈타임〉이 선정한 세계에서 가장 영향력 있는 인물로 만들고, 전 세계 10억 명 이상이 가입한 세계 최대의 SNS 회사로 성장할지 누가 예상했겠는가.

이렇게 강력한 문화를 기반으로 한 기술은 어찌 보면 간단한 것 같아도 전 세계적으로 엄청난 파급 효과를 지닌다. 따라서 우리는 이런 파급 효과를 염두에 두고 그것을 역으로 이용해 우리의 것을 세계에 알릴 수 있도록 영어를 제대로 공부하고, 선진 문화를 받아들이는 노력도 끊임없이 기울여야 한다. 또 아는가, 우리나라에서도 마크 주커버그 같은 젊은 인재가 탄생할 날이 얼마 남지 않았을지……. 그런 기대가 정말 실현되기 위해서는 제대로 된 영어 공부, 선진 문화를 받아들이는 넓은 마음, 남을 인정하고 배려하는 세계관이 반드시 필요하다.

오석태의
영어노하우
훔치기

실천 훈련서

| 오석태 지음 |

@ny class

별책

오석태 쌤이 제안하는
누구나
영어 잘하는 법

1. 매일 한 시간 이상 좋은 문장 소리 내서 읽기

❖ 어떤 것이 좋은 문장일까요?

매일 일상생활에서 활용할 수 있는 것들이 좋은 문장입니다. 예를 들면, I need to pick up my daughter from her school. "우리 딸 학교에서 픽업해야 돼." 이런 말이요.

I gotta go. I have to fix my husband dinner. 이것도 잘 쓰는 말 아닐까요? "나 가봐야 돼. 신랑 저녁 차려줘야 돼서." 이런 활용 값어치가 충만한 표현들을 여기저기에서 많이 모으세요. 그리고 매일 한 시간 이상 읽는 겁니다.

2. 하루도 빼지 않고 딱 6개월만 해보세요. 그 다음부터는 저절로 1년 이상 이어집니다. (습관의 무서움)

누구나 영어를 잘할 수 있는 가장 기본적인 방법이었습니다. 어려워 마시고 시작해보세요. 이것저것 따지지 말고 시작해 보시는 겁니다. 화이팅!

오석태쌤의 누구나 영어 잘하는 법 잘 보셨나요? 자 그럼 이제 실천할 단계입니다.

• 영어 도전 | 1단계

좋은 문장을 큰소리로 한 시간씩 읽다 보면 천천히 변화해 가는 자신을 발견할 수 있다는 오석태쌤의 말씀에 따라 오늘부터 실천해보기로 하겠습니다.

1일부터 차츰차츰 10분, 15분, 20분, 25분씩 늘려나가 12일이 되는 날부터 60분을 매일매일 큰소리로 읽어보세요.

① 시작하는 첫째 날 1일은 표현 1~5까지 5분만 읽어봅시다.

② 2일은 표현 1~10까지 10분 읽습니다.

③ 3일은 표현 1~15까지 15분 읽습니다.

④ 4일은 표현 1~20까지 20분 읽습니다.

⑤ 5일은 표현 1~25까지 25분 읽습니다.

⑥ 6일은 표현 1~30까지 30분 읽습니다.

⑦ 7일은 표현 1～35까지 35분 읽습니다.

⑧ 8일은 표현 1～40까지 40분 읽습니다.

⑨ 9일은 표현 1～45까지 45분 읽습니다.

⑩ 10일은 표현 1～50까지 50분 읽습니다.

⑪ 11일은 표현 1～55까지 55분 읽습니다.

⑫ 12일은 표현 1～60까지 60분 읽습니다.

이후부터 꾸준히 하루에 최소 60분씩 매일매일 6개월을 읽기 연습한 다면 영어를 어느 누구 보다 잘 할 수 있습니다.

지금부터, 평상시에 사용할 수 있는 대표적인 영어표현들을 한번 익혀볼까요? 그냥 읽어만 보고 끝내지 마시고 여러 번 읽어서 내 것으로 완전히 만들어 보세요. 그렇게 꾸준히 하다 보면 생각보다 훨씬 긍정적으로 변화되는 자신의 모습에 깜짝 놀리게 될 겁니다.

자 그럼, 지금부터 본격적으로 표현학습에 들어갑니다.

1단계에서는 20일 동안 연습할 수 있는 표현들을 소개해드립니다.

첫날은 가볍게 다섯 문장만 큰소리로 5분 읽어봅시다. 머리가 울릴 정
도로 큰소리로 읽어야 기억에 저장 된답니다. 발음은 녹음된 파일을 참
고하세요.

DAY 1 오늘의 표현

※ 정확한 발음을 듣고 큰 소리로 다섯 번씩 따라하세요. 읽을 때마다 네모 칸에 체크하세요.

1. I think it's quite interesting.

2. I feel like I know you from somewhere.

3. I just moved here from London.

4. It was love at first sight.

5. I think perhaps I have met you somewhere before.

※ 이번엔 연음되는 발음을 듣고 역시 큰 소리로 다섯 번씩 따라하세요. 읽을 때마다 네모 칸에 체크하세요.

1. I think it's quite interesting.

2. I feel like I know you from somewhere.

3. I just moved here from London.

4. It was love at first sight.

5. I think perhaps I have met you somewhere before.

1. 정말 재미있는 걸. 2. 느낌이 제가 아는 분 같아요. 3. 제가 런던에서 이사 온지 얼마 되질 않아서요. 4. 첫 눈에 반한 거지. 5. 혹시 우리 전에 어디에서 만난 적 있지 않아요?

한글에 맞는 영어표현을 큰 소리로 말하면서 적어보세요.

1. 정말 재미있는 걸.

---

2. 느낌이 제가 아는 분 같아요.

---

3. 제가 런던에서 이사 온지 얼마 되질 않아서요.

---

4. 첫 눈에 반한 거지.

---

5. 혹시 우리 전에 어디에서 만난 적 있지 않아요?

※ 주말에도 공휴일에도 빠짐없이 해야 실력 향상이 된답니다.

지난 내용을 큰소리로 반복해서 읽은 후에 새로운 DAY2 표현을 읽으면서 총 10분의 시간 동안 최대한 목청을 돋우어봅시다.

(머리가 울려야 기억으로 저장 된답니다)

※ 지난 문장들을 먼저 반복하는 게 중요합니다. 정확한 발음으로 크게 소리 내어 다섯 번씩 읽어보세요.

1. I think it's quite interesting. ☐☐☐☐☐

2. I feel like I know you from somewhere. ☐☐☐☐☐

3. I just moved here from London. ☐☐☐☐☐

4. It was love at first sight. ☐☐☐☐☐

5. I think perhaps I have met you somewhere before.
☐☐☐☐☐

DAY 2 오늘의 표현

※ 정확한 발음을 듣고 큰 소리로 다섯 번씩 따라하세요. 읽을 때마다 네모 칸에 체크하세요.

6. Tim popped the question. ☐☐☐☐☐

7. My mother's not feeling very well. ☐☐☐☐☐

8. Could we take a rain check? ☐☐☐☐☐

9. He said he was up to his ears. ☐☐☐☐☐

10. You look gorgeous. ☐☐☐☐☐

11

6. Tim popped the question.   ☐☐☐☐☐

7. My mother's not feeling very well. ☐☐☐☐☐

8. Could we take a rain check?   ☐☐☐☐☐

9. He said he was up to his ears.   ☐☐☐☐☐

10. You look gorgeous.   ☐☐☐☐☐

6. 팀(Tim)이 청혼했어. 7. 어머니께서 몸이 많이 편찮으세요. 8. 우리 그거 다음에 해도 될까요? 9. 일이 너무 바빴다는걸 뭐. 10. 정말 아름다우시군요.

한글에 맞는 영어표현을 큰 소리로 말하면서 적어보세요.

6. 팀(Tim)이 청혼했어.

_____

7. 어머니께서 몸이 많이 편찮으세요.

_____

8. 우리 그거 다음에 해도 될까요?

_____

9. 일이 너무 바빴다는걸 뭐.

_____

10. 정말 아름다우시군요.

_____

※ 주말에도 공휴일에도 빠짐없이 해야 실력 향상이 된답니다.

셋째 날도 가볍게 큰소리로 15분만 읽어봅시다.

(머리가 울려야 기억으로 저장 된답니다)

※ 지난 문장들을 먼저 반복하는 게 중요합니다. 정확한 발음으로 크게 소리 내어 다섯 번씩 읽어보세요.

1. I think it's quite interesting. ☐☐☐☐☐

2. I feel like I know you from somewhere. ☐☐☐☐☐

3. I just moved here from London. ☐☐☐☐☐

4. It was love at first sight. ☐☐☐☐☐

5. I think perhaps I have met you somewhere before.

☐☐☐☐☐

6. Tim popped the question. ☐☐☐☐☐

7. My mother's not feeling very well. ☐☐☐☐☐

8. Could we take a rain check? ☐☐☐☐☐

9. He said he was up to his ears. ☐☐☐☐☐

10. You look gorgeous. ☐☐☐☐☐

DAY 3 오늘의 표현

※ 정확한 발음을 듣고 큰 소리로 다섯 번씩 따라하세요. 읽을 때마다 네모 칸에 체크하세요.

11. Can't complain. ☐☐☐☐☐

12. You seeing anyone special? ☐☐☐☐☐

13. Are you out of your mind? ☐☐☐☐☐

14. What the hell do you think you're doing? ☐☐☐☐☐

15. I have to go back to work. ☐☐☐☐☐

※ 이번엔 연음되는 발음을 듣고 역시 큰 소리로 다섯 번씩 따라하세요. 읽을 때마다 네모 칸에 체크하세요.

11. Can't complain. ☐☐☐☐☐

12. You seeing anyone special? ☐☐☐☐☐

13. Are you out of your mind? ☐☐☐☐☐

14. What the hell do you think you're doing? ☐☐☐☐☐

15. I have to go back to work. ☐☐☐☐☐

11. 나야 뭐 잘 지내지. 12. 뭐 특별한 사람이라도 만나나? 13. 너 미쳤어? 14. 너 도대체 지금 무슨 짓을 하고 있는 건지 알기나 해? 15. 나 회사에 다시 들어가 봐야 돼.

한글에 맞는 영어표현을 큰 소리로 말하면서 적어보세요.

11. 나야 뭐 잘 지내지.

_____

12. 뭐 특별한 사람이라도 만나나?

_____

13. 너 미쳤어?

_____

14. 너 도대체 지금 무슨 짓을 하고 있는 건지 알기나 해?

_____

15. 나 회사에 다시 들어가 봐야 돼.

_____

※ 주말에도 공휴일에도 빠짐없이 해야 실력 향상이 된답니다.

넷째 날은 문장들을 큰소리로 20분간 읽어봅시다. 시작한 날보다 훨~

씬 쉽게 읽혀지는 영어문장들에 당황하셨죠. 하지만, 단 하루라도 읽기

를 건너뛰면 말짱 도루묵 됩니다. 꼭 기억하세요.

(머리가 울려야 기억으로 저장 된답니다)

※ 지난 문장들을 먼저 반복하는 게 중요합니다. 정확한 발음으로 크게 소리 내어 다섯 번씩 읽어보세요.

1. I think it's quite interesting. ☐☐☐☐☐

2. I feel like I know you from somewhere. ☐☐☐☐☐

3. I just moved here from London. ☐☐☐☐☐

4. It was love at first sight. ☐☐☐☐☐

5. I think perhaps I have met you somewhere before.
☐☐☐☐☐

6. Tim popped the question. ☐☐☐☐☐

7. My mother's not feeling very well. ☐☐☐☐☐

8. Could we take a rain check? ☐☐☐☐☐

9. He said he was up to his ears. ☐☐☐☐☐

10. You look gorgeous. ☐☐☐☐☐

11. Can't complain. ☐☐☐☐☐

12. You seeing anyone special? ☐☐☐☐☐

13. Are you out of your mind? ☐☐☐☐☐

14. What the hell do you think you're doing? ☐☐☐☐☐

15. I have to go back to work. ☐☐☐☐☐

DAY 4 오늘의 표현

※ 정확한 발음을 듣고 큰 소리로 다섯 번씩 따라하세요. 읽을 때마다 네모 칸에 체크하세요.

16. I've never seen him in my life. ☐☐☐☐☐

17. I'll get you a cab. ☐☐☐☐☐

18. I'm having dinner with you. ☐☐☐☐☐

19. Maybe another time. ☐☐☐☐☐

20. Where can I drop you? ☐☐☐☐☐

※ 이번엔 연음되는 발음을 듣고 역시 큰 소리로 다섯 번씩 따라하세요. 읽을 때마다 네모 칸에 체크하세요.

16. I've never seen him in my life. ☐☐☐☐☐

17. I'll get you a cab. ☐☐☐☐☐

18. I'm having dinner with you. ☐☐☐☐☐

19. Maybe another time. ☐☐☐☐☐

20. Where can I drop you? ☐☐☐☐☐

16. 난 그 사람 한 번도 본 적 없어. 17. 내가 택시 불러줄게. 18. 당신과 식사 같이 하려고요.
19. 다음에 해요. 20. 어디에 내려드릴까요?

한글에 맞는 영어표현을 큰 소리로 말하면서 적어보세요.

16. 난 그 사람 한 번도 본 적 없어.

_____

17. 내가 택시 불러줄게.

_____

18. 당신과 식사 같이 하려고요.

_____

19. 다음에 해요.

_____

20. 어디에 내려드릴까요?

_____

※ 주말에도 공휴일에도 빠짐없이 해야 실력 향상이 된답니다.

DAY / 5

다섯 째 날에는 영어문장들을 큰소리로 25분 힘차게 읽어봅시다. 이제 뭔가 제법 영어공부를 하는 느낌이 들지 않나요? 학교, 또는 회사를 오 갈 때 차 안이나 길 위에서 핸폰을 들고 마치 외쿡인이랑 전화통화 하 듯이 말해봐요.

(머리가 울려야 기억으로 저장 된답니다)

※ 지난 문장들을 먼저 반복하는 게 중요합니다. 정확한 발음으로 크게 소리 내어 다섯 번씩 읽어보세요.

1. I think it's quite interesting. ☐☐☐☐☐

2. I feel like I know you from somewhere. ☐☐☐☐☐

3. I just moved here from London. ☐☐☐☐☐

4. It was love at first sight. ☐☐☐☐☐

5. I think perhaps I have met you somewhere before.
☐☐☐☐☐

6. Tim popped the question. ☐☐☐☐☐

7. My mother's not feeling very well. ☐☐☐☐☐

8. Could we take a rain check? ☐☐☐☐☐

9. He said he was up to his ears. ☐☐☐☐☐

10. You look gorgeous. ☐☐☐☐☐

11. Can't complain. ☐☐☐☐☐

12. You seeing anyone special? ☐☐☐☐☐

13. Are you out of your mind? ☐☐☐☐☐

14. What the hell do you think you're doing? ☐☐☐☐☐

15. I have to go back to work. ☐☐☐☐☐

16. I've never seen him in my life. ☐☐☐☐☐

17. I'll get you a cab. ☐☐☐☐☐

18. I'm having dinner with you. ☐☐☐☐☐

19. Maybe another time. ☐☐☐☐☐

20. Where can I drop you? ☐☐☐☐☐

DAY 5 오늘의 표현

※ 정확한 발음을 듣고 큰 소리로 다섯 번씩 따라하세요. 읽을 때마다 네모 칸에 체크하세요.

21. What have you been doing lately? ☐☐☐☐☐

22. Thanks for the ride. ☐☐☐☐☐

23. How long have you known nick? ☐☐☐☐☐

24. It got to be a problem. ☐☐☐☐☐

25. They decided to take actions. ☐☐☐☐☐

※ 이번엔 연음되는 발음을 듣고 역시 큰 소리로 다섯 번씩 따라하세요. 읽을 때마다 네모 칸에 체크하세요.

21. What have you been doing lately? ☐☐☐☐☐

22. Thanks for the ride. ☐☐☐☐☐

23. How long have you known nick? ☐☐☐☐☐

24. It got to be a problem. ☐☐☐☐☐

25. They decided to take actions. ☐☐☐☐☐

21. 요즘 어떻게 지내요? 22. 태워줘서 고마워요. 23. 닉은 얼마나 알고 지냈어요? 24. 그거 문제네 문제야. 25. 그들은 조치를 취하기로 결정했어.

한글에 맞는 영어표현을 큰 소리로 말하면서 적어보세요.

21. 요즘 어떻게 지내요?

_____

22. 태워줘서 고마워요.

_____

23. 닉은 얼마나 알고 지냈어요?

_____

24. 그거 문제네 문제야.

_____

25. 그들은 조치를 취하기로 결정했어.

_____

※ 주말에도 공휴일에도 빠짐없이 해야 실력 향상이 된답니다.

여섯 째 날에는 영어문장들을 큰소리로 30분 읽어봅시다. 스멀스멀 게
으름 병이 도지기 시작합니다. 하지만 우리의 최종목표~ 영어정복!! 영
어의 정상등반 까지는 못한다 해도 엄친 딸, 엄친 아들 보다는 잘해야
죠. 포기하지 마세요~

(머리가 울려야 기억으로 저장 된답니다)

※ 지난 문장들을 먼저 반복하는 게 중요합니다. 정확한 발음으로 크게 소리 내어 다섯 번씩 읽어보세요.

1. I think it's quite interesting. ☐☐☐☐☐

2. I feel like I know you from somewhere. ☐☐☐☐☐

3. I just moved here from London. ☐☐☐☐☐

4. It was love at first sight. ☐☐☐☐☐

5. I think perhaps I have met you somewhere before.
☐☐☐☐☐

6. Tim popped the question. ☐☐☐☐☐

7. My mother's not feeling very well. ☐☐☐☐☐

8. Could we take a rain check? ☐☐☐☐☐

9. He said he was up to his ears. ☐☐☐☐☐

10. You look gorgeous. ☐☐☐☐☐

11. Can't complain. ☐☐☐☐☐

12. You seeing anyone special? ☐☐☐☐☐

13. Are you out of your mind? ☐☐☐☐☐

14. What the hell do you think you're doing? ☐☐☐☐☐

15. I have to go back to work. ☐☐☐☐☐

16. I've never seen him in my life. ☐☐☐☐☐

17. I'll get you a cab. ☐☐☐☐☐

18. I'm having dinner with you. ☐☐☐☐☐

19. Maybe another time. ☐☐☐☐☐

20. Where can I drop you? ☐☐☐☐☐

21. What have you been doing lately? ☐☐☐☐☐

22. Thanks for the ride. ☐☐☐☐☐

23. How long have you known nick? ☐☐☐☐☐

24. It got to be a problem. ☐☐☐☐☐

25. They decided to take action. ☐☐☐☐☐

DAY 6 오늘의 표현

※ 정확한 발음을 듣고 큰 소리로 다섯 번씩 따라하세요. 읽을 때마다 네모 칸에 체크하세요.

26. I'll see what I can do. ☐☐☐☐☐

27. It's too depressing. ☐☐☐☐☐

28. I happen to love the way I look. ☐☐☐☐☐

29. She totally won't return my phone calls. ☐☐☐☐☐

30. What do you want to be when you grow up? ☐☐☐☐☐

26. I'll see what I can do. ☐ ☐ ☐ ☐ ☐

27. It's too depressing. ☐ ☐ ☐ ☐ ☐

28. I happen to love the way I look. ☐ ☐ ☐ ☐ ☐

29. She totally won't return my phone calls. ☐ ☐ ☐ ☐ ☐

30. What do you want to be when you grow up? ☐ ☐ ☐ ☐ ☐

26. 요즘 어떻게 지내요? 27. 태워줘서 고마워요. 28. 닉은 얼마나 알고 지냈어요? 29. 그거 문제네 문제야. 30. 그들은 조치를 취하기로 결정했어.

한글에 맞는 영어표현을 큰 소리로 말하면서 적어보세요.

26. 하는데 까지 해봐야지

_____

27. 너무 우울하게 만든다. 정말.

_____

28. 내 모습이 마음에 쏙 드는걸.

_____

29. 그녀는 내전화를 완전히 씹어요. (작정을 했어요)

_____

30. 넌 커서 뭐가 될래?

_____

※ 주말에도 공휴일에도 빠짐없이 해야 실력 향상이 된답니다.

일곱 번 째 날입니다. 큰소리로 35분 읽어봅시다. 이제껏 해오던 작심 삼일(to stick to nothing)의 습관을 부수어버립니다.

(머리가 울려야 기억으로 저장 된답니다)

※ 지난 문장들을 먼저 반복하는 게 중요합니다. 정확한 발음으로 크게 소리 내어 다섯 번씩 읽어보세요.

1. I think it's quite interesting.

2. I feel like I know you from somewhere.

3. I just moved here from London.

4. It was love at first sight.

5. I think perhaps I have met you somewhere before.

6. Tim popped the question.

7. My mother's not feeling very well.

8. Could we take a rain check?

9. He said he was up to his ears.

10. You look gorgeous.

11. Can't complain.

12. You seeing anyone special?

13. Are you out of your mind?

14. What the hell do you think you're doing?

15. I have to go back to work.

16. I've never seen him in my life. ☐☐☐☐☐

17. I'll get you a cab. ☐☐☐☐☐

18. I'm having dinner with you. ☐☐☐☐☐

19. Maybe another time. ☐☐☐☐☐

20. Where can I drop you? ☐☐☐☐☐

21. What have you been doing lately? ☐☐☐☐☐

22. Thanks for the ride. ☐☐☐☐☐

23. How long have you known nick? ☐☐☐☐☐

24. It got to be a problem. ☐☐☐☐☐

25. They decided to take action. ☐☐☐☐☐

26. I'll see what I can do. ☐☐☐☐☐

27. It's too depressing ☐☐☐☐☐

28. I happen to love the way i look ☐☐☐☐☐

29. She totally won't return my phone calls. ☐☐☐☐☐

30. What do you want to be when you grow up? ☐☐☐☐☐

DAY 7 오늘의 표현

※ 정확한 발음을 듣고 큰 소리로 다섯 번씩 따라하세요. 읽을 때마다 네모 칸에 체크하세요.

31. How come you haven't been returning any of my calls?
☐☐☐☐☐

32. It's been a really busy week. ☐☐☐☐☐

33. What makes you so sure about that? ☐☐☐☐☐

34. It's been years. ☐☐☐☐☐

35. Are you thinking what I'm thinking? ☐☐☐☐☐

※ 이번엔 연음되는 발음을 듣고 역시 큰 소리로 다섯 번씩 따라하세요. 읽을 때마다 네모 칸에 체크하세요.

31. How come you haven't been returning any of my calls?
☐☐☐☐☐

32. It's been a really busy week. ☐☐☐☐☐

33. What makes you so sure about that? ☐☐☐☐☐

34. It's been years. ☐☐☐☐☐

35. Are you thinking what I'm thinking? ☐☐☐☐☐

31. 도대체 왜 제 전화를 그렇게 씹는 거예요? 32. 정말 바쁜 한 주였어. 33. 너는 무슨 이유로 그것에 대해서 그렇게 확신하는 거야? 34. 정말 오랜만이야. 35. 지금 나하고 같은 생각하고 있어?

한글에 맞는 영어표현을 큰 소리로 말하면서 적어보세요.

31. 도대체 왜 제 전화를 그렇게 씹는 거예요?

_____

32. 정말 바쁜 한 주였어.

_____

33. 너는 무슨 이유로 그것에 대해서 그렇게 확신하는 거야?

_____

34. 정말 오랜만이야.

_____

35. 지금 나하고 같은 생각하고 있어?

_____

※ 주말에도 공휴일에도 빠짐없이 해야 실력 향상이 된답니다.

여덟 번 째날, 영어문장을 큰소리로 40분 읽어봅시다. 8일 동안 매일 꾸준히 노력하신 분 들은 읽기의 변화를 느끼셨을 겁니다. 만일 '하다 말다'를 반복하신 분이라면 다시 '하다'를 시작한 날이 공부1일째라고 생각하셔야 됩니다. 그렇다고 다시 DAY1으로 돌아가라는 말이 아니라 본인이 공부를 시작한 날이 1일째 라는 말이지요.

(머리가 울려야 기억으로 저장 된답니다)

※ 지난 문장들을 먼저 반복하는 게 중요합니다. 정확한 발음으로 크게 소리 내어 다섯 번씩 읽어보세요.

1. I think it's quite interesting. ☐☐☐☐☐

2. I feel like I know you from somewhere. ☐☐☐☐☐

3. I just moved here from London. ☐☐☐☐☐

4. It was love at first sight. ☐☐☐☐☐

5. I think perhaps I have met you somewhere before.
☐☐☐☐☐

6. Tim popped the question. ☐☐☐☐☐

7. My mother's not feeling very well. ☐☐☐☐☐

8. Could we take a rain check? ☐☐☐☐☐

9. He said he was up to his ears. ☐☐☐☐☐

10. You look gorgeous. ☐☐☐☐☐

11. Can't complain. ☐☐☐☐☐

12. You seeing anyone special? ☐☐☐☐☐

13. Are you out of your mind? □□□□□

14. What the hell do you think you're doing? □□□□□

15. I have to go back to work. □□□□□

16. I've never seen him in my life. □□□□□

17. I'll get you a cab. □□□□□

18. I'm having dinner with you. □□□□□

19. Maybe another time. □□□□□

20. Where can I drop you? □□□□□

21. What have you been doing lately? □□□□□

22. Thanks for the ride. □□□□□

23. How long have you known nick? □□□□□

24. It got to be a problem. □□□□□

25. They decided to take action. □□□□□

26. I'll see what I can do. □□□□□

27. It's too depressing □□□□□

28. I happen to love the way i look □□□□□

29. She totally won't return my phone calls. □□□□□

30. What do you want to be when you grow up? □□□□□

31. How come you haven't been returning any of my calls? □□□□□

32. It's been a really busy week. □□□□□

33. What makes you so sure about that? □□□□□

34. It's been years. . □□□□□

35. Are you thinking what I'm thinking? □□□□□

DAY 8 오늘의 표현

※ 정확한 발음을 듣고 큰 소리로 다섯 번씩 따라하세요. 읽을 때마다 네모 칸에 체크하세요.

36. I was afraid you wouldn't come. □□□□□

37. Let's get it over with. □□□□□

38. She had agreed to be fixed up on a blind date. □□□□□

39. I'm gonna excuse myself. □□□□□

40. I'll tell you what. □□□□□

※ 이번엔 연음되는 발음을 듣고 역시 큰 소리로 다섯 번씩 따라하세요. 읽을 때마다 네모 칸에 체크하세요.

36. I was afraid you wouldn't come. □□□□□

37. Let's get it over with. □□□□□

38. She had agreed to be fixed up on a blind date. □□□□□

39. I'm gonna excuse myself. □□□□□

40. I'll tell you what. □□□□□

35. 지금 나하고 같은 생각하고 있어? 36. 난 네가 못 오는 줄 알았지. 37. 그 일 빨리 해버리자. 귀찮아. 38. 걔 소개팅 해주면 소개 받겠다고 나하고 약속했단 말이야. 39. 나는 좀 실례할게. 40. 내 말을 좀 들어봐.

한글에 맞는 영어표현을 큰 소리로 말하면서 적어보세요.

36. 난 네가 못 오는 줄 알았지.

_____

37. 그 일 빨리 해버리자. 귀찮아.

_____

38. 걔 소개팅 해주면 소개 받겠다고 나하고 약속했단 말이야.

_____

39. 나는 좀 실례할게.

_____

40. 내 말을 좀 들어봐.

_____

※ 주말에도 공휴일에도 빠짐없이 해야 실력 향상이 된답니다.

아홉 째날, 영어문장을 큰소리로 45분 읽어봅시다. 지금까지 거르지 않고 해오신 분들 칭찬합니다. 매번 다시 시작하는 당신^^ 포기하지 마세요!! 안 하는 거 보다는 훌륭한 당신입니다.

(머리가 울려야 기억으로 저장 된답니다)

※ 지난 문장들을 먼저 반복하는 게 중요합니다. 정확한 발음으로 크게 소리 내어 다섯 번씩 읽어보세요.

1. I think it's quite interesting. ☐☐☐☐☐

2. I feel like I know you from somewhere. ☐☐☐☐☐

3. I just moved here from London. ☐☐☐☐☐

4. It was love at first sight. ☐☐☐☐☐

5. I think perhaps I have met you somewhere before.
☐☐☐☐☐

6. Tim popped the question. ☐☐☐☐☐

7. My mother's not feeling very well. ☐☐☐☐☐

8. Could we take a rain check? ☐☐☐☐☐

9. He said he was up to his ears. ☐☐☐☐☐

10. You look gorgeous. ☐☐☐☐☐

11. Can't complain. ☐☐☐☐☐

12. You seeing anyone special? ☐☐☐☐☐

13. Are you out of your mind? ☐☐☐☐☐

14. What the hell do you think you're doing? ☐☐☐☐☐

15. I have to go back to work. ☐☐☐☐☐

16. I've never seen him in my life. ☐☐☐☐☐

17. I'll get you a cab. ☐☐☐☐☐

18. I'm having dinner with you. ☐☐☐☐☐

19. Maybe another time. ☐☐☐☐☐

20. Where can I drop you? ☐☐☐☐☐

21. What have you been doing lately? ☐☐☐☐☐

22. Thanks for the ride. ☐☐☐☐☐

23. How long have you known Nick? ☐☐☐☐☐

24. It got to be a problem. ☐☐☐☐☐

25. They decided to take action. ☐☐☐☐☐

26. I'll see what I can do. ☐☐☐☐☐

27. It's too depressing. ☐☐☐☐☐

28. I happen to love the way I look. ☐☐☐☐☐

29. She totally won't return my phone calls. ☐☐☐☐☐

30. What do you want to be when you grow up? ☐☐☐☐☐

31. How come you haven't been returning any of my calls?

☐☐☐☐☐

32. It's been a really busy week. ☐☐☐☐☐

33. What makes you so sure about that? ☐☐☐☐☐

34. It's been years. ☐☐☐☐☐

35. Are you thinking what I'm thinking? ☐☐☐☐☐

36. I was afraid you wouldn't come. ☐☐☐☐☐

37. Let's get it over with. ☐☐☐☐☐

38. She had agreed to be fixed up on a blind date. ☐☐☐☐☐

39. I'm gonna excuse myself. ☐☐☐☐☐

40. I'll tell you what. ☐☐☐☐☐

DAY 9 오늘의 표현

※ 정확한 발음을 듣고 큰 소리로 다섯 번씩 따라하세요. 읽을 때마다 네모 칸에 체크하세요.

41. We're just about to have dessert. ☐☐☐☐☐

42. Let me get that door for you. ☐☐☐☐☐

43. Don't be scared. ☐☐☐☐☐

44. I'm so tired of going through women. ☐☐☐☐☐

45. Why is that? ☐☐☐☐☐

※ 이번엔 연음되는 발음을 듣고 역시 큰 소리로 다섯 번씩 따라하세요. 읽을 때마다 네모 칸에 체크하세요.

41. We're just about to have dessert. ☐☐☐☐☐

42. Let me get that door for you. ☐☐☐☐☐

43. Don't be scared. ☐☐☐☐☐

44. I'm so tired of going through women. ☐☐☐☐☐

45. Why is that? □□□□□

41. 우리 지금 막 디저트 먹으려던 참이야. 42. 그 문 내가 열어줄게. 43. 무서워 마. 44. 여자들 경험하는 것도 이젠 신물이 난다, 신물이. 45. 그건 왜 그런데?

한글에 맞는 영어표현을 큰 소리로 말하면서 적어보세요.

41. 우리 지금 막 디저트 먹으려던 참이야.

_____

42. 그 문 내가 열어줄게.

_____

43. 무서워 마.

_____

44. 여자들 경험하는 것도 이젠 신물이 난다, 신물이.

_____

45. 그건 왜 그런데?

_____

※ 주말에도 공휴일에도 빠짐없이 해야 실력 향상이 된답니다.

열 번째 날은 영어문장을 큰소리로 50분 읽어봅시다. 이제 우리도 외쿡

인이랑 50문장을 말할 수 있는 날이 왔다는 거 아닙니까. 만세~

(머리가 울려야 기억으로 저장 된답니다)

※ 지난 문장들을 먼저 반복하는 게 중요합니다. 정확한 발음으로 크게 소리 내어 다섯 번씩 읽어보세요.

1. I think it's quite interesting. ☐☐☐☐☐

2. I feel like I know you from somewhere. ☐☐☐☐☐

3. I just moved here from London. ☐☐☐☐☐

4. It was love at first sight. ☐☐☐☐☐

5. I think perhaps I have met you somewhere before.
☐☐☐☐☐

6. Tim popped the question. ☐☐☐☐☐

7. My mother's not feeling very well. ☐☐☐☐☐

8. Could we take a rain check? ☐☐☐☐☐

9. He said he was up to his ears. ☐☐☐☐☐

10. You look gorgeous. ☐☐☐☐☐

11. Can't complain. ☐☐☐☐☐

12. You seeing anyone special? ☐☐☐☐☐

13. Are you out of your mind? ☐☐☐☐☐

14. What the hell do you think you're doing? ☐☐☐☐☐

15. I have to go back to work. ☐☐☐☐☐

16. I've never seen him in my life. ☐☐☐☐☐

17. I'll get you a cab. ☐☐☐☐☐

18. I'm having dinner with you. ☐☐☐☐☐

19. Maybe another time. ☐☐☐☐☐

20. Where can I drop you? ☐☐☐☐☐

21. What have you been doing lately? ☐☐☐☐☐

22. Thanks for the ride. ☐☐☐☐☐

23. How long have you known Nick? ☐☐☐☐☐

24. It got to be a problem. ☐☐☐☐☐

25. They decided to take action. ☐☐☐☐☐

26. I'll see what I can do. ☐☐☐☐☐

27. It's too depressing. ☐☐☐☐☐

28. I happen to love the way I look. ☐☐☐☐☐

29. She totally won't return my phone calls. ☐☐☐☐☐

30. What do you want to be when you grow up? ☐☐☐☐☐

31. How come you haven't been returning any of my calls?

☐☐☐☐☐

32. It's been a really busy week. ☐☐☐☐☐

33. What makes you so sure about that? ☐☐☐☐☐

34. It's been years. . ☐☐☐☐☐

35. Are you thinking what I'm thinking? ☐☐☐☐☐

36. I was afraid you wouldn't come. □□□□□

37. Let's get it over with. □□□□□

38. She had agreed to be fixed up on a blind date. □□□□□

39. I'm gonna excuse myself. □□□□□

40. I'll tell you what. □□□□□

41. We're just about to have dessert. □□□□□

42. Let me get that door for you. □□□□□

43. Don't be scared. □□□□□

44. I'm so tired of going through women. □□□□□

45. Why is that? □□□□□

DAY 10 오늘의 표현

※ 정확한 발음을 듣고 큰 소리로 다섯 번씩 따라하세요. 읽을 때마다 네모 칸에 체크하세요.

46. I've been looking all over for you. □□□□□

47. I'm out of time. □□□□□

48. This is humiliating. □□□□□

49. You must be joking. □□□□□

50. Let me tell you something. □□□□□

46. I've been looking all over for you. ☐☐☐☐☐

47. I'm out of time. ☐☐☐☐☐

48. This is humiliating. ☐☐☐☐☐

49. You must be joking. ☐☐☐☐☐

50. Let me tell you something. ☐☐☐☐☐

46. 널 얼마나 찾아 다녔는데. 47. 나 지금 시간 없어. 48. 이거 정말 굴욕적인걸. 49. 너 지금 농담하는 거지. 50. 내가 너한테 해줄 말이 있어.

한글에 맞는 영어표현을 큰 소리로 말하면서 적어보세요.

46. 널 얼마나 찾아 다녔는데.

_____

47. 나 지금 시간 없어.

_____

48. 이거 정말 굴욕적인걸.

_____

49. 너 지금 농담하는 거지.

_____

50. 내가 너한테 해줄 말이 있어.

_____

※ 주말에도 공휴일에도 빠짐없이 해야 실력 향상이 된답니다.

열 한번째 날이 왔습니다. 영어문장을 큰소리로 55분 읽어봅시다. 여기까지 한번도 거르지 않고 오신 분이 있다면 이렇게 말씀 드리고 싶습니다. 독.하.다. 대부분의 분들이 한 두 번의 태클을 받고 쓰러졌다가 다시 시작할 꺼라 짐작됩니다. 저 역시 그러했으니까요. 하지만 이러한 번민과 고통의 시간들을 지나면서 조금씩 쌓여가는 영어가 밑거름이 되고 또한 그것들이 반복학습 됨으로 영어를 잘 할 수 있는 날은 반드시 옵니다.

(머리가 울려야 기억으로 저장 된답니다)

※ 지난 문장들을 먼저 반복하는 게 중요합니다. 정확한 발음으로 크게 소리 내어 다섯 번씩 읽어보세요.

1. I think it's quite interesting. ☐☐☐☐☐

2. I feel like I know you from somewhere. ☐☐☐☐☐

3. I just moved here from London. ☐☐☐☐☐

4. It was love at first sight. ☐☐☐☐☐

5. I think perhaps I have met you somewhere before.
☐☐☐☐☐

6. Tim popped the question. ☐☐☐☐☐

7. My mother's not feeling very well. ☐☐☐☐☐

8. Could we take a rain check? ☐☐☐☐☐

9. He said he was up to his ears. ☐☐☐☐☐

10. You look gorgeous. ☐☐☐☐☐

11. Can't complain. ☐☐☐☐☐

12. You seeing anyone special? ☐☐☐☐☐

13. Are you out of your mind? ☐☐☐☐☐

14. What the hell do you think you're doing? ☐☐☐☐☐

15. I have to go back to work. ☐☐☐☐☐

16. I've never seen him in my life. ☐☐☐☐☐

17. I'll get you a cab. ☐☐☐☐☐

18. I'm having dinner with you. ☐☐☐☐☐

19. Maybe another time. ☐☐☐☐☐

20. Where can I drop you? ☐☐☐☐☐

21. What have you been doing lately? ☐☐☐☐☐

22. Thanks for the ride. ☐☐☐☐☐

23. How long have you known Nick? ☐☐☐☐☐

24. It got to be a problem. ☐☐☐☐☐

25. They decided to take action. ☐☐☐☐☐

26. I'll see what I can do. ☐☐☐☐☐

27. It's too depressing. ☐☐☐☐☐

28. I happen to love the way I look. ☐☐☐☐☐

29. She totally won't return my phone calls. ☐☐☐☐☐

30. What do you want to be when you grow up? ☐☐☐☐☐

31. How come you haven't been returning any of my calls?

☐☐☐☐☐

32. It's been a really busy week. ☐☐☐☐☐

33. What makes you so sure about that? ☐☐☐☐☐

34. It's been years. . ☐☐☐☐☐

35. Are you thinking what I'm thinking? ☐☐☐☐☐

36. I was afraid you wouldn't come. ☐☐☐☐☐

37. Let's get it over with. ☐☐☐☐☐

38. She had agreed to be fixed up on a blind date. ☐☐☐☐☐

39. I'm gonna excuse myself. ☐☐☐☐☐

40. I'll tell you what. ☐☐☐☐☐

41. We're just about to have dessert. ☐☐☐☐☐

42. Let me get that door for you. ☐☐☐☐☐

43. Don't be scared. ☐☐☐☐☐

44. I'm so tired of going through women. ☐☐☐☐☐

45. Why is that? ☐☐☐☐☐

46. I've been looking all over for you. . ☐☐☐☐☐

47. I'm out of time. ☐☐☐☐☐

48. This is humiliating. ☐☐☐☐☐

49. You must be joking. ☐☐☐☐☐

50. Let me tell you something. ☐☐☐☐☐

※ 정확한 발음을 듣고 큰 소리로 다섯 번씩 따라하세요. 읽을 때마다 네모 칸에 체크하세요.

51. That won't be necessary. ☐☐☐☐☐

52. I can't believe what I'm hearing. ☐☐☐☐☐

53. You're an hour early. ☐☐☐☐☐

54. Keep me posted. ☐☐☐☐☐

55. What took you so long? ☐☐☐☐☐

※ 이번엔 연음되는 발음을 듣고 역시 큰 소리로 다섯 번씩 따라하세요. 읽을 때마다 네모 칸에 체크하세요.

51. That won't be necessary. ☐☐☐☐☐

52. I can't believe what I'm hearing. ☐☐☐☐☐

53. You're an hour early. ☐☐☐☐☐

54. Keep me posted. ☐☐☐☐☐

55. What took you so long? ☐☐☐☐☐

51. 그럴 필요까지야. 52. 지금 들은 얘기 믿을 수가 없어. 53. 너 한 시간 일찍 왔네. 54. 계속 정보를 좀 줘. 55. 왜 이렇게 오래 걸렸어?

한글에 맞는 영어표현을 큰 소리로 말하면서 적어보세요.

51. 그럴 필요까지야.

_____

52. 지금 들은 얘기 믿을 수가 없어.

_____

53. 너 한 시간 일찍 왔네.

_____

54. 계속 정보를 좀 줘

_____

55. 왜 이렇게 오래 걸렸어?

_____

※ 주말에도 공휴일에도 빠짐없이 해야 실력 향상이 된답니다.

큰소리로 반복읽기와 DAY12 표현을 총 60분 동안 읽어봅시다.

(머리가 울려야 기억으로 저장 된답니다)

※ 지난 문장들을 먼저 반복하는 게 중요합니다. 정확한 발음으로 크게 소리 내어 다섯 번씩 읽어보세요.

1. I think it's quite interesting. ☐☐☐☐☐

2. I feel like I know you from somewhere. ☐☐☐☐☐

3. I just moved here from London. ☐☐☐☐☐

4. It was love at first sight. ☐☐☐☐☐

5. I think perhaps I have met you somewhere before.
☐☐☐☐☐

6. Tim popped the question. ☐☐☐☐☐

7. My mother's not feeling very well. ☐☐☐☐☐

8. Could we take a rain check? ☐☐☐☐☐

9. He said he was up to his ears. ☐☐☐☐☐

10. You look gorgeous. ☐☐☐☐☐

11. Can't complain. ☐☐☐☐☐

12. You seeing anyone special? ☐☐☐☐☐

13. Are you out of your mind? ☐☐☐☐☐

14. What the hell do you think you're doing? ☐☐☐☐☐

15. I have to go back to work. ☐☐☐☐☐

16. I've never seen him in my life. ☐☐☐☐☐

17. I'll get you a cab. ☐☐☐☐☐

18. I'm having dinner with you. ☐☐☐☐☐

19. Maybe another time. ☐☐☐☐☐

20. Where can I drop you? ☐☐☐☐☐

21. What have you been doing lately? ☐☐☐☐☐

22. Thanks for the ride. ☐☐☐☐☐

23. How long have you known Nick? ☐☐☐☐☐

24. It got to be a problem. ☐☐☐☐☐

25. They decided to take action. ☐☐☐☐☐

26. I'll see what I can do. ☐☐☐☐☐

27. It's too depressing. ☐☐☐☐☐

28. I happen to love the way I look. ☐☐☐☐☐

29. She totally won't return my phone calls. ☐☐☐☐☐

30. What do you want to be when you grow up? ☐☐☐☐☐

31. How come you haven't been returning any of my calls?
☐☐☐☐☐

32. It's been a really busy week. ☐☐☐☐☐

33. What makes you so sure about that? ☐☐☐☐☐

34. It's been years. . ☐☐☐☐☐

35. Are you thinking what I'm thinking? ☐☐☐☐☐

36. I was afraid you wouldn't come. ☐☐☐☐☐

37. Let's get it over with. ☐☐☐☐☐

38. She had agreed to be fixed up on a blind date. ☐☐☐☐☐

39. I'm gonna excuse myself. ☐☐☐☐☐

40. I'll tell you what. ☐☐☐☐☐

41. We're just about to have dessert. ☐☐☐☐☐

42. Let me get that door for you. ☐☐☐☐☐

43. Don't be scared. ☐☐☐☐☐

44. I'm so tired of going through women. ☐☐☐☐☐

45. Why is that? ☐☐☐☐☐

46. I've been looking all over for you. . ☐☐☐☐☐

47. I'm out of time. ☐☐☐☐☐

48. This is humiliating. ☐☐☐☐☐

49. You must be joking. ☐☐☐☐☐

50. Let me tell you something. ☐☐☐☐☐

51. That won't be necessary. ☐☐☐☐☐

52. I can't believe what I'm hearing. ☐☐☐☐☐

53. You're an hour early. ☐☐☐☐☐

54. Keep me posted. ☐☐☐☐☐

55. What took you so long? ☐☐☐☐☐

※ 정확한 발음을 듣고 큰 소리로 다섯 번씩 따라하세요. 읽을 때마다 네모 칸에 체크하세요.

56. Don't let anything bad happen to you.

57. I'm out of here.

58. That was very thoughtful of you.

59. I made some plans already.

60. Don't take it all so seriously.

※ 이번엔 연음되는 발음을 듣고 역시 큰 소리로 다섯 번씩 따라하세요. 읽을 때마다 네모 칸에 체크하세요.

56. Don't let anything bad happen to you.

57. I'm out of here.

58. That was very thoughtful of you.

59. I made some plans already.

60. Don't take it all so seriously.

56. 너한테 나쁜 일 생기면 안돼. 항상 조심해서 다녀. 57. 나 다녀올게. 58. 네가 사려 깊게 잘 판단한 거였어. 59. 난 이미 약속을 해버렸는데. 60. 그걸 너무 진지하게 받아들이지 마.

한글에 맞는 영어표현을 큰 소리로 말하면서 적어보세요.

56. 너한테 나쁜 일 생기면 안돼. 항상 조심해서 다녀.

_____

57. 나 다녀올게.

_____

58. 네가 사려 깊게 잘 판단한 거였어.

_____

59. 난 이미 약속을 해버렸는데.

_____

60. 그걸 너무 진지하게 받아들이지 마.

_____

※ 주말에도 공휴일에도 빠짐없이 해야 실력 향상이 된답니다.

큰소리로 반복읽기와 DAY13 표현을 60분 동안 읽어봅시다.

(머리가 울려야 기억으로 저장 된답니다)

※ 지난 문장들을 먼저 반복하는 게 중요합니다. 정확한 발음으로 크게 소리 내어 다섯 번씩 읽어보세요.

1. I think it's quite interesting. ☐☐☐☐☐

2. I feel like I know you from somewhere. ☐☐☐☐☐

3. I just moved here from London. ☐☐☐☐☐

4. It was love at first sight. ☐☐☐☐☐

5. I think perhaps I have met you somewhere before.
☐☐☐☐☐

6. Tim popped the question. ☐☐☐☐☐

7. My mother's not feeling very well. ☐☐☐☐☐

8. Could we take a rain check? ☐☐☐☐☐

9. He said he was up to his ears. ☐☐☐☐☐

10. You look gorgeous. ☐☐☐☐☐

11. Can't complain. ☐☐☐☐☐

12. You seeing anyone special? ☐☐☐☐☐

13. Are you out of your mind? ☐☐☐☐☐

14. What the hell do you think you're doing? ☐☐☐☐☐

15. I have to go back to work. ☐☐☐☐☐

16. I've never seen him in my life. ☐☐☐☐☐

17. I'll get you a cab. ☐ ☐ ☐ ☐ ☐

18. I'm having dinner with you. ☐ ☐ ☐ ☐ ☐

19. Maybe another time. ☐ ☐ ☐ ☐ ☐

20. Where can I drop you? ☐ ☐ ☐ ☐ ☐

21. What have you been doing lately? ☐ ☐ ☐ ☐ ☐

22. Thanks for the ride. ☐ ☐ ☐ ☐ ☐

23. How long have you known Nick? ☐ ☐ ☐ ☐ ☐

24. It got to be a problem. ☐ ☐ ☐ ☐ ☐

25. They decided to take action. ☐ ☐ ☐ ☐ ☐

26. I'll see what I can do. ☐ ☐ ☐ ☐ ☐

27. It's too depressing. ☐ ☐ ☐ ☐ ☐

28. I happen to love the way I look. ☐ ☐ ☐ ☐ ☐

29. She totally won't return my phone calls. ☐ ☐ ☐ ☐ ☐

30. What do you want to be when you grow up? ☐ ☐ ☐ ☐ ☐

31. How come you haven't been returning any of my calls?
☐ ☐ ☐ ☐ ☐

32. It's been a really busy week. ☐ ☐ ☐ ☐ ☐

33. What makes you so sure about that? ☐ ☐ ☐ ☐ ☐

34. It's been years. . ☐ ☐ ☐ ☐ ☐

35. Are you thinking what I'm thinking? ☐ ☐ ☐ ☐ ☐

36. I was afraid you wouldn't come. ☐ ☐ ☐ ☐ ☐

37. Let's get it over with.   ☐☐☐☐☐

38. She had agreed to be fixed up on a blind date.   ☐☐☐☐☐

39. I'm gonna excuse myself.   ☐☐☐☐☐

40. I'll tell you what.   ☐☐☐☐☐

41. We're just about to have dessert.   ☐☐☐☐☐

42. Let me get that door for you.   ☐☐☐☐☐

43. Don't be scared.   ☐☐☐☐☐

44. I'm so tired of going through women.   ☐☐☐☐☐

45. Why is that?   ☐☐☐☐☐

46. I've been looking all over for you. .   ☐☐☐☐☐

47. I'm out of time.   ☐☐☐☐☐

48. This is humiliating.   ☐☐☐☐☐

49. You must be joking.   ☐☐☐☐☐

50. Let me tell you something.   ☐☐☐☐☐

51. That won't be necessary.   ☐☐☐☐☐

52. I can't believe what I'm hearing.   ☐☐☐☐☐

53. You're an hour early.   ☐☐☐☐☐

54. Keep me posted.   ☐☐☐☐☐

55. What took you so long?   ☐☐☐☐☐

56. Don't let anything bad happen to you.   ☐☐☐☐☐

57. I'm out of here.   ☐☐☐☐☐

58. That was very thoughtful of you. ☐☐☐☐☐

59. I made some plans already, ☐☐☐☐☐

60. Don't take it all so seriously. ☐☐☐☐☐

▋DAY 13▐ 오늘의 표현

※ 정확한 발음을 듣고 큰 소리로 다섯 번씩 따라하세요. 읽을 때마다 네모 칸에 체크하세요.

61. It's nothing to be ashamed of. ☐☐☐☐☐

62. I just feel so betrayed. ☐☐☐☐☐

63. I'm glad you could make it. ☐☐☐☐☐

64. I can't stay long. ☐☐☐☐☐

65. Every relationship has its ups and downs. ☐☐☐☐☐

※ 이번엔 연음되는 발음을 듣고 역시 큰 소리로 다섯 번씩 따라하세요. 읽을 때마다 네모 칸에 체크하세요.

61. It's nothing to be ashamed of. ☐☐☐☐☐

62. I just feel so betrayed. ☐☐☐☐☐

63. I'm glad you could make it. ☐☐☐☐☐

64. I can't stay long. ☐☐☐☐☐

65. Every relationship has its ups and downs. ☐☐☐☐☐

61. 그건 창피해 할 게 전혀 아니야. 62. 그냥 배신감이 느껴져서. 63. 네가 와줘서 기분 정말 좋아. 64. 오래는 못 있어. 65. 어떤 관계든 다 우여곡절이 있는 거야.

한글에 맞는 영어표현을 큰 소리로 말하면서 적어보세요.

61. 그건 창피해 할 게 전혀 아니야.

_____

62. 그냥 배신감이 느껴져서.

_____

63. 네가 와줘서 기분 정말 좋아.

_____

64. 오래는 못 있어.

_____

65. 어떤 관계든 다 우여곡절이 있는 거야.

_____

※ 주말에도 공휴일에도 빠짐없이 해야 실력 향상이 된답니다.

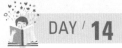
오늘도 영어문장을 큰소리로 한 시간 읽습니다. 꾸준히 열공하신 분들은 이제 어느 정도 공부방향과 자신감이 붙었을 거라 생각합니다. 그렇다고 미드나 영화에 자막 없이 도전했다가는 좌절입니다. 그럼, 우리는 언제 미드를 한국드라마처럼 시청할 수 있을까요??

연음법칙을 알고 있다고 리스닝이 되는 게 아니라 정확한 연음으로 내가 많은 문장 들을 말할 수 있어야 그에 따른 리스닝이 됩니다. 숙어를 외우고 있다고 리스닝이 되는 게 아니라 그 숙어들을 대화 중에 내가 정확히 구사할 수 있어야 리스닝이 되는 겁니다. 결국, 우리는 많은 문장들을 내 것으로 만들기 위해 노력해야 한다는 슬픈 사실... 더 노력해봅시다. ^^

리스닝 법칙의 비밀 = 아는 만큼 들린다. (만고의 진리)

사는 게 그렇지 뭐.

(머리가 울려야 기억으로 저장 된답니다)

※ 지난 문장들을 먼저 반복하는 게 중요합니다. 정확한 발음으로 크게 소리 내어 다섯 번씩 읽어보세요.

1. I think it's quite interesting. ☐☐☐☐☐

2. I feel like I know you from somewhere. ☐☐☐☐☐

3. I just moved here from London. ☐☐☐☐☐

4. It was love at first sight. ☐☐☐☐☐

5. I think perhaps I have met you somewhere before. ☐☐☐☐☐

6. Tim popped the question. ☐☐☐☐☐

7. My mother's not feeling very well. ☐☐☐☐☐

8. Could we take a rain check? ☐☐☐☐☐

9. He said he was up to his ears. ☐☐☐☐☐

10. You look gorgeous. ☐☐☐☐☐

11. Can't complain. ☐☐☐☐☐

12. You seeing anyone special? ☐☐☐☐☐

13. Are you out of your mind? ☐☐☐☐☐

14. What the hell do you think you're doing? ☐☐☐☐☐

15. I have to go back to work. ☐☐☐☐☐

16. I've never seen him in my life. ☐☐☐☐☐

17. I'll get you a cab. ☐☐☐☐☐

18. I'm having dinner with you. ☐☐☐☐☐

19. Maybe another time. ☐☐☐☐☐

20. Where can I drop you? ☐☐☐☐☐

21. What have you been doing lately? ☐☐☐☐☐

22. Thanks for the ride. ☐☐☐☐☐

23. How long have you known Nick? ☐☐☐☐☐

24. It got to be a problem. ☐☐☐☐☐

25. They decided to take action. ☐☐☐☐☐

26. I'll see what I can do. ☐☐☐☐☐

27. It's too depressing. ☐☐☐☐☐

28. I happen to love the way I look. ☐☐☐☐☐

29. She totally won't return my phone calls. ☐☐☐☐☐

30. What do you want to be when you grow up? ☐☐☐☐☐

31. How come you haven't been returning any of my calls?
☐☐☐☐☐

32. It's been a really busy week. ☐☐☐☐☐

33. What makes you so sure about that? ☐☐☐☐☐

34. It's been years. . ☐☐☐☐☐

35. Are you thinking what I'm thinking? ☐☐☐☐☐

36. I was afraid you wouldn't come. ☐☐☐☐☐

37. Let's get it over with. ☐☐☐☐☐

38. She had agreed to be fixed up on a blind date. ☐☐☐☐☐

39. I'm gonna excuse myself. ☐☐☐☐☐

40. I'll tell you what. ☐☐☐☐☐

41. We're just about to have dessert. ☐☐☐☐☐

42. Let me get that door for you. ☐☐☐☐☐

43. Don't be scared. ☐☐☐☐☐

44. I'm so tired of going through women. ☐☐☐☐☐

45. Why is that? ☐☐☐☐☐

46. I've been looking all over for you. . ☐☐☐☐☐

47. I'm out of time. ☐☐☐☐☐

48. This is humiliating. ☐☐☐☐☐

49. You must be joking. ☐☐☐☐☐

50. Let me tell you something. ☐☐☐☐☐

51. That won't be necessary. ☐☐☐☐☐

52. I can't believe what I'm hearing. ☐☐☐☐☐

53. You're an hour early. ☐☐☐☐☐

54. Keep me posted. ☐☐☐☐☐

55. What took you so long? ☐☐☐☐☐

56. Don't let anything bad happen to you. ☐☐☐☐☐

57. I'm out of here. ☐☐☐☐☐

58. That was very thoughtful of you. ☐☐☐☐☐

59. I made some plans already. ☐☐☐☐☐

60. Don't take it all so seriously. ☐☐☐☐☐

61. It's nothing to be ashamed of. ☐☐☐☐☐

62. I just feel so betrayed. ☐☐☐☐☐

63. I'm glad you could make it. ☐☐☐☐☐

64. I can't stay long. ☐☐☐☐☐

65. Every relationship has its ups and downs. ☐☐☐☐☐

DAY 14 오늘의 표현

※ 정확한 발음을 듣고 큰 소리로 다섯 번씩 따라하세요. 읽을 때마다 네모 칸에 체크하세요.

66. Can I give you a ride home?

67. I'm just gonna grab a cab.

68. I'm still not over you.

69. I told you there'd be something.

70. The guy's got good word of mouth.

※ 이번엔 연음되는 발음을 듣고 역시 큰 소리로 다섯 번씩 따라하세요. 읽을 때마다 네모 칸에 체크하세요.

66. Can I give you a ride home?

67. I'm just gonna grab a cab.

68. I'm still not over you.

69. I told you there'd be something.

70. The guy's got good word of mouth.

66. 집까지 차로 데려다 줄까? 67. 난 그냥 택시 타고 갈게. 68. 난 아직도 당신을 잊지 못했어. 69. 뭔가 있을 거라고 내가 얘기했잖아. 70. 그 사람은 평판이 좋아.

한글에 맞는 영어표현을 큰 소리로 말하면서 적어보세요.

66. 집까지 차로 데려다 줄까?

_____

67. 난 그냥 택시 타고 갈게.

_____

68. 난 아직도 당신을 잊지 못했어.

_____

69. 뭔가 있을 거라고 내가 얘기했잖아.

_____

70. 그 사람은 평판이 좋아.

_____

※ 주말에도 공휴일에도 빠짐없이 해야 실력 향상이 된답니다.

오늘도 영어문장을 큰 소리로 한 시간 읽습니다. 영어공부는 하면 할수록 영어에 대한 궁금증이 더욱 커지죠? 그렇다면 수없이 많은 영어회화 책들 중에서 어떤 책을 선택해서 보면 좋은지를 알려드릴게요. 간단합니다. 페이지의 빈 공간을 채우기 위해서 의미 없는 문장들을 나열해 놓은 책을 선택해서는 안 됩니다. 한 문장 한 문장 실생활에 쓰일 수 있는 좋은 문장들, 그리고 그 해석이 정확히 실려 있는 책을 선택해야 합니다. 실생활에 활용되면서 한글해석이 제대로 되어있는 문장이란 어떤 것을 말할까요? 예를 들어볼게요. 우리가 흔히 사용할 수 있는 I drink coffee라는 문장은 어떻게 해석해야 할까요? 많은 책들에서 "나는 커피를 마신다"라고 해석해놓습니다. 그렇다면 우리는 "나는 커피를 마신다"는 말을 실제로 사용할까요? 잘 생각해보세요. 이건 정확한 의미를 전달하지 못합니다. 지금 마시고 있다는 건지, 평소에 커피를 마신다는 건지, 정확한 의미를 전달하지 못한다는 겁니다. I drink coffee에는 현재시제가 쓰였습니다. 현재시제에는 '평소에', '항상', '늘' 등의 의미가 포함되어 있습니다. 그래서 이 문장의 정확한 해석은 "나 평소에 커피 잘 마셔"가 되는 것입니다.

여기에서 드는 의문 한 가지.

영어를 몰라서 배우려는 사람들이 어떻게 그런 것들을 다 구분할 수 있단 말인가? 그래서 정확한 영어를 처음부터 제대로 배워야 되는 겁니다.

그럼 다시 열공모드로 들어갑니다.

(머리가 울려야 기억으로 저장 된답니다)

※ 지난 문장들을 먼저 반복하는 게 중요합니다. 정확한 발음으로 크게 소리 내어 다섯 번씩 읽어보세요.

1. I think it's quite interesting. ☐☐☐☐☐

2. I feel like I know you from somewhere. ☐☐☐☐☐

3. I just moved here from London. ☐☐☐☐☐

4. It was love at first sight. ☐☐☐☐☐

5. I think perhaps I have met you somewhere before.
☐☐☐☐☐

6. Tim popped the question. ☐☐☐☐☐

7. My mother's not feeling very well. ☐☐☐☐☐

8. Could we take a rain check? ☐☐☐☐☐

9. He said he was up to his ears. ☐☐☐☐☐

10. You look gorgeous. ☐☐☐☐☐

11. Can't complain. ☐☐☐☐☐

12. You seeing anyone special? ☐☐☐☐☐

13. Are you out of your mind? ☐☐☐☐☐

14. What the hell do you think you're doing? ☐☐☐☐☐

15. I have to go back to work. ☐☐☐☐☐

16. I've never seen him in my life. ☐☐☐☐☐

17. I'll get you a cab. ☐☐☐☐☐

18. I'm having dinner with you. □□□□□

19. Maybe another time. □□□□□

20. Where can I drop you? □□□□□

21. What have you been doing lately? □□□□□

22. Thanks for the ride. □□□□□

23. How long have you known Nick? □□□□□

24. It got to be a problem. □□□□□

25. They decided to take action. □□□□□

26. I'll see what I can do. □□□□□

27. It's too depressing. □□□□□

28. I happen to love the way I look. □□□□□

29. She totally won't return my phone calls. □□□□□

30. What do you want to be when you grow up? □□□□□

31. How come you haven't been returning any of my calls?
□□□□□

32. It's been a really busy week. □□□□□

33. What makes you so sure about that? □□□□□

34. It's been years. □□□□□

35. Are you thinking what I'm thinking? □□□□□

36. I was afraid you wouldn't come. □□□□□

37. Let's get it over with. □□□□□

38. She had agreed to be fixed up on a blind date. ☐ ☐ ☐ ☐ ☐

39. I'm gonna excuse myself. ☐ ☐ ☐ ☐ ☐

40. I'll tell you what. ☐ ☐ ☐ ☐ ☐

41. We're just about to have dessert. ☐ ☐ ☐ ☐ ☐

42. Let me get that door for you. ☐ ☐ ☐ ☐ ☐

43. Don't be scared. ☐ ☐ ☐ ☐ ☐

44. I'm so tired of going through women. ☐ ☐ ☐ ☐ ☐

45. Why is that? ☐ ☐ ☐ ☐ ☐

46. I've been looking all over for you. ☐ ☐ ☐ ☐ ☐

47. I'm out of time. ☐ ☐ ☐ ☐ ☐

48. This is humiliating. ☐ ☐ ☐ ☐ ☐

49. You must be joking. ☐ ☐ ☐ ☐ ☐

50. Let me tell you something. ☐ ☐ ☐ ☐ ☐

51. That won't be necessary. ☐ ☐ ☐ ☐ ☐

52. I can't believe what I'm hearing. ☐ ☐ ☐ ☐ ☐

53. You're an hour early. ☐ ☐ ☐ ☐ ☐

54. Keep me posted. ☐ ☐ ☐ ☐ ☐

55. What took you so long? ☐ ☐ ☐ ☐ ☐

56. Don't let anything bad happen to you. ☐ ☐ ☐ ☐ ☐

57. I'm out of here. ☐ ☐ ☐ ☐ ☐

58. That was very thoughtful of you. ☐ ☐ ☐ ☐ ☐

59. I made some plans already.

60. Don't take it all so seriously.

61. It's nothing to be ashamed of.

62. I just feel so betrayed.

63. I'm glad you could make it.

64. I can't stay long.

65. Every relationship has its ups and downs.

66. Can I give you a ride home?

67. I'm just gonna grab a cab.

68. I'm still not over you.

69. I told you there'd be something.

70. The guy's got good word of mouth.

DAY 15 오늘의 표현

※ 정확한 발음을 듣고 큰 소리로 다섯 번씩 따라하세요. 읽을 때마다 네모 칸에 체크하세요.

71. Get your coat.

72. I'm really not in the mood.

73. This is really embarrassing.

74. You want me to give you a ride home?

75. Just don't pay me more attention.

71. Get your coat. □□□□□

72. I'm really not in the mood. □□□□□

73. This is really embarrassing. □□□□□

74. You want me to give you a ride home? □□□□□

75. Just don't pay me more attention. □□□□□

71. 어서 코트 입어. 72. 나 정말 그럴 기분 아니거든. 73. 이거 정말 당황스러운 걸. 74. 내가 집까지 차로 바래다 줄까? 75. 나한테 더 이상 관심 갖지 마.

한글에 맞는 영어표현을 큰 소리로 말하면서 적어보세요.

71. 어서 코트 입어.

_____

72. 나 정말 그럴 기분 아니거든.

_____

73. 이거 정말 당황스러운 걸.

_____

74. 내가 집까지 차로 바래다 줄까?

_____

75. 나한테 더 이상 관심 갖지 마.

_____

※ 주말에도 공휴일에도 빠짐없이 해야 실력 향상이 된답니다.

큰소리로 반복읽기와 DAY16에 익힐표현을 한 시간 동안 읽어봅시다.

(머리가 울려야 기억으로 저장 됩니다)

*첫째 날 문장을 시작부터 반복하는 게 중요합니다. 영어를 향한 도전과 노력이 당신의 미래를 바꾸어 줍니다.

(머리가 울려야 기억으로 저장 됩니다)

※ 지난 문장들을 먼저 반복하는 게 중요합니다. 정확한 발음으로 크게 소리 내어 다섯 번씩 읽어보세요.

1. I think it's quite interesting. ☐☐☐☐☐

2. I feel like I know you from somewhere. ☐☐☐☐☐

3. I just moved here from London. ☐☐☐☐☐

4. It was love at first sight. ☐☐☐☐☐

5. I think perhaps I have met you somewhere before.
☐☐☐☐☐

6. Tim popped the question. ☐☐☐☐☐

7. My mother's not feeling very well. ☐☐☐☐☐

8. Could we take a rain check? ☐☐☐☐☐

9. He said he was up to his ears. ☐☐☐☐☐

10. You look gorgeous. ☐☐☐☐☐

11. Can't complain. ☐☐☐☐☐

12. You seeing anyone special? ☐☐☐☐☐

13. Are you out of your mind? ☐☐☐☐☐

14. What the hell do you think you're doing? ☐☐☐☐☐

15. I have to go back to work. ☐☐☐☐☐

16. I've never seen him in my life. ☐☐☐☐☐

17. I'll get you a cab. ☐☐☐☐☐

18. I'm having dinner with you. ☐☐☐☐☐

19. Maybe another time. ☐☐☐☐☐

20. Where can I drop you? ☐☐☐☐☐

21. What have you been doing lately? ☐☐☐☐☐

22. Thanks for the ride. ☐☐☐☐☐

23. How long have you known Nick? ☐☐☐☐☐

24. It got to be a problem. ☐☐☐☐☐

25. They decided to take action. ☐☐☐☐☐

26. I'll see what I can do. ☐☐☐☐☐

27. It's too depressing. ☐☐☐☐☐

28. I happen to love the way I look. ☐☐☐☐☐

29. She totally won't return my phone calls. ☐☐☐☐☐

30. What do you want to be when you grow up? ☐☐☐☐☐

31. How come you haven't been returning any of my calls?

☐☐☐☐☐

32. It's been a really busy week. ☐☐☐☐☐

33. What makes you so sure about that? ☐☐☐☐☐

34. It's been years. ☐☐☐☐☐

35. Are you thinking what I'm thinking? ☐☐☐☐☐

36. I was afraid you wouldn't come. ☐☐☐☐☐

37. Let's get it over with. ☐☐☐☐☐

38. She had agreed to be fixed up on a blind date. ☐☐☐☐☐

39. I'm gonna excuse myself. ☐☐☐☐☐

40. I'll tell you what. ☐☐☐☐☐

41. We're just about to have dessert. ☐☐☐☐☐

42. Let me get that door for you. ☐☐☐☐☐

43. Don't be scared. ☐☐☐☐☐

44. I'm so tired of going through women. ☐☐☐☐☐

45. Why is that? ☐☐☐☐☐

46. I've been looking all over for you. ☐☐☐☐☐

47. I'm out of time. ☐☐☐☐☐

48. This is humiliating. ☐☐☐☐☐

49. You must be joking. ☐☐☐☐☐

50. Let me tell you something. ☐☐☐☐☐

51. That won't be necessary. ☐☐☐☐☐

52. I can't believe what I'm hearing. ☐☐☐☐☐

53. You're an hour early. ☐☐☐☐☐

54. Keep me posted. ☐☐☐☐☐

55. What took you so long? ☐☐☐☐☐

56. Don't let anything bad happen to you. ☐☐☐☐☐

57. I'm out of here. ☐☐☐☐☐

58. That was very thoughtful of you. ☐☐☐☐☐

59. I made some plans already. ☐☐☐☐☐

60. Don't take it all so seriously. ☐☐☐☐☐

61. It's nothing to be ashamed of. ☐☐☐☐☐

62. I just feel so betrayed. ☐☐☐☐☐

63. I'm glad you could make it. ☐☐☐☐☐

64. I can't stay long. ☐☐☐☐☐

65. Every relationship has its ups and downs. ☐☐☐☐☐

66. Can I give you a ride home? ☐☐☐☐☐

67. I'm just gonna grab a cab. ☐☐☐☐☐

68. I'm still not over you. ☐☐☐☐☐

69. I told you there'd be something. ☐☐☐☐☐

70. The guy's got good word of mouth. ☐☐☐☐☐

71. Get your coat. ☐☐☐☐☐

72. I'm really not in the mood ☐☐☐☐☐

73. This is really embarrassing. ☐☐☐☐☐

74. You want me to give you a ride home? ☐☐☐☐☐

75. Just don't pay me more attention. ☐☐☐☐☐

※ 정확한 발음을 듣고 큰 소리로 다섯 번씩 따라하세요. 읽을 때마다 네모 칸에 체크하세요.

76. Keep up the good work.

77. He'll never go for it.

78. You must be starving after that long drive.

79. How was the traffic?

80. She's older than I thought.

※ 이번엔 연음되는 발음을 듣고 역시 큰 소리로 다섯 번씩 따라하세요. 읽을 때마다 네모 칸에 체크하세요.

76. Keep up the good work.

77. He'll never go for it.

78. You must be starving after that long drive.

79. How was the traffic?

80. She's older than I thought.

76. 하던 대로 계속 열심히 잘해. 77. 그는 절대 찬성하지 않을 거야. 78. 그렇게 오랫동안 운전을 했으니 배가 무척 고프겠네. 79. 교통은 어땠어? 80. 생각했던 것보다 나이가 많네.

한글에 맞는 영어표현을 큰 소리로 말하면서 적어보세요.

76. 하던 대로 계속 열심히 잘해.

_____

77. 그는 절대 찬성하지 않을 거야.

_____

78. 그렇게 오랫동안 운전을 했으니 배가 무척 고프겠네.

_____

79. 교통은 어땠어?

_____

80. 생각했던 것보다 나이가 많네.

_____

※ 주말에도 공휴일에도 빠짐없이 해야 실력 향상이 된답니다.

큰소리로 반복읽기와 DAY17 표현을 한 시간 동안 읽어봅시다.

(머리가 울려야 기억으로 저장 된답니다)

※ 지난 문장들을 먼저 반복하는 게 중요합니다. 정확한 발음으로 크게 소리 내어 다섯 번씩 읽어보세요.

1. I think it's quite interesting.
2. I feel like I know you from somewhere.
3. I just moved here from London.
4. It was love at first sight.
5. I think perhaps I have met you somewhere before.
6. Tim popped the question.
7. My mother's not feeling very well.
8. Could we take a rain check?
9. He said he was up to his ears.
10. You look gorgeous.
11. Can't complain.
12. You seeing anyone special?
13. Are you out of your mind?
14. What the hell do you think you're doing?
15. I have to go back to work.
16. I've never seen him in my life.

17. I'll get you a cab. ☐☐☐☐☐

18. I'm having dinner with you. ☐☐☐☐☐

19. Maybe another time. ☐☐☐☐☐

20. Where can I drop you? ☐☐☐☐☐

21. What have you been doing lately? ☐☐☐☐☐

22. Thanks for the ride. ☐☐☐☐☐

23. How long have you known Nick? ☐☐☐☐☐

24. It got to be a problem. ☐☐☐☐☐

25. They decided to take action. ☐☐☐☐☐

26. I'll see what I can do. ☐☐☐☐☐

27. It's too depressing. ☐☐☐☐☐

28. I happen to love the way I look. ☐☐☐☐☐

29. She totally won't return my phone calls. ☐☐☐☐☐

30. What do you want to be when you grow up? ☐☐☐☐☐

31. How come you haven't been returning any of my calls?
☐☐☐☐☐

32. It's been a really busy week. ☐☐☐☐☐

33. What makes you so sure about that? ☐☐☐☐☐

34. It's been years. . ☐☐☐☐☐

35. Are you thinking what I'm thinking? ☐☐☐☐☐

36. I was afraid you wouldn't come. ☐☐☐☐☐

37. Let's get it over with. ☐☐☐☐☐

38. She had agreed to be fixed up on a blind date. ☐☐☐☐☐

39. I'm gonna excuse myself. ☐☐☐☐☐

40. I'll tell you what. ☐☐☐☐☐

41. We're just about to have dessert. ☐☐☐☐☐

42. Let me get that door for you. ☐☐☐☐☐

43. Don't be scared. ☐☐☐☐☐

44. I'm so tired of going through women. ☐☐☐☐☐

45. Why is that? ☐☐☐☐☐

46. I've been looking all over for you. ☐☐☐☐☐

47. I'm out of time. ☐☐☐☐☐

48. This is humiliating. ☐☐☐☐☐

49. You must be joking. ☐☐☐☐☐

50. Let me tell you something. ☐☐☐☐☐

51. That won't be necessary. ☐☐☐☐☐

52. I can't believe what I'm hearing. ☐☐☐☐☐

53. You're an hour early. ☐☐☐☐☐

54. Keep me posted. ☐☐☐☐☐

55. What took you so long? ☐☐☐☐☐

56. Don't let anything bad happen to you. ☐☐☐☐☐

57. I'm out of here. ☐☐☐☐☐

58. That was very thoughtful of you. ☐☐☐☐☐

59. I made some plans already, ☐☐☐☐☐

60. Don't take it all so seriously. ☐☐☐☐☐

61. It's nothing to be ashamed of. ☐☐☐☐☐

62. I just feel so betrayed. ☐☐☐☐☐

63. I'm glad you could make it. ☐☐☐☐☐

64. I can't stay long. ☐☐☐☐☐

65. Every relationship has its ups and downs. ☐☐☐☐☐

66. Can I give you a ride home? ☐☐☐☐☐

67. I'm just gonna grab a cab. ☐☐☐☐☐

68. I'm still not over you. ☐☐☐☐☐

69. I told you there'd be something. ☐☐☐☐☐

70. The guy's got good word of mouth. ☐☐☐☐☐

71. Get your coat. ☐☐☐☐☐

72. I'm really not in the mood ☐☐☐☐☐

73. This is really embarrassing. ☐☐☐☐☐

74. You want me to give you a ride home? ☐☐☐☐☐

75. Just don't pay me more attention. ☐☐☐☐☐

76. Keep up the good work. ☐☐☐☐☐

77. He'll never go for it. ☐☐☐☐☐

78. You must be starving after that long drive. ☐☐☐☐☐

79. How was the traffic? ☐☐☐☐☐

80. She's older than I thought. ☐☐☐☐☐

DAY 17 오늘의 표현

※ 정확한 발음을 듣고 큰 소리로 다섯 번씩 따라하세요. 읽을 때마다 네모 칸에 체크하세요.

81. Do you know each other? ☐☐☐☐☐

82. You don't look as if you're enjoying yourself. ☐☐☐☐☐

83. Can I get you a drink? ☐☐☐☐☐

84. I meant it as a compliment. ☐☐☐☐☐

85. I'd like us to become friends. ☐☐☐☐☐

※ 이번엔 연음되는 발음을 듣고 역시 큰 소리로 다섯 번씩 따라하세요. 읽을 때마다 네모 칸에 체크하세요.

81. Do you know each other? ☐☐☐☐☐

82. You don't look as if you're enjoying yourself. ☐☐☐☐☐

83. Can I get you a drink? ☐☐☐☐☐

84. I meant it as a compliment. ☐☐☐☐☐

85. I'd like us to become friends. ☐☐☐☐☐

81. 너희들 서로 아는 사이야? 82. 표정이 그닥 즐겁지 않으신 것 같네요. 83. 한 잔 가져다 드릴까요? 84. 난 그거 칭찬으로 한 소린데. 85. 난 우리가 친구가 되면 좋겠어.

한글에 맞는 영어표현을 큰 소리로 말하면서 적어보세요.

81. 너희들 서로 아는 사이야?

_____

82. 표정이 그닥 즐겁지 않으신 것 같네요.

_____

83. 한 잔 가져다 드릴까요?

_____

84. 난 그거 칭찬으로 한 소린데.

_____

85. 난 우리가 친구가 되면 좋겠어.

_____

※ 주말에도 공휴일에도 빠짐없이 해야 실력 향상이 된답니다.

큰소리로 반복읽기와 DAY2 표현을 한 시간 동안 읽어봅시다.

(머리가 울려야 기억으로 저장 됩니다)

※ 지난 문장들을 먼저 반복하는 게 중요합니다. 정확한 발음으로 크게 소리 내어 다섯 번씩 읽어보세요.

1. I think it's quite interesting. ☐☐☐☐☐

2. I feel like I know you from somewhere. ☐☐☐☐☐

3. I just moved here from London. ☐☐☐☐☐

4. It was love at first sight. ☐☐☐☐☐

5. I think perhaps I have met you somewhere before.
☐☐☐☐☐

6. Tim popped the question. ☐☐☐☐☐

7. My mother's not feeling very well. ☐☐☐☐☐

8. Could we take a rain check? ☐☐☐☐☐

9. He said he was up to his ears. ☐☐☐☐☐

10. You look gorgeous. ☐☐☐☐☐

11. Can't complain. ☐☐☐☐☐

12. You seeing anyone special? ☐☐☐☐☐

13. Are you out of your mind? ☐☐☐☐☐

14. What the hell do you think you're doing? ☐☐☐☐☐

15. I have to go back to work. ☐☐☐☐☐

16. I've never seen him in my life. ☐☐☐☐☐

17. I'll get you a cab. ☐☐☐☐☐

18. I'm having dinner with you. ☐☐☐☐☐

19. Maybe another time. ☐☐☐☐☐

20. Where can I drop you? ☐☐☐☐☐

21. What have you been doing lately? ☐☐☐☐☐

22. Thanks for the ride. ☐☐☐☐☐

23. How long have you known Nick? ☐☐☐☐☐

24. It got to be a problem. ☐☐☐☐☐

25. They decided to take action. ☐☐☐☐☐

26. I'll see what I can do. ☐☐☐☐☐

27. It's too depressing. ☐☐☐☐☐

28. I happen to love the way I look. ☐☐☐☐☐

29. She totally won't return my phone calls. ☐☐☐☐☐

30. What do you want to be when you grow up? ☐☐☐☐☐

31. How come you haven't been returning any of my calls?

☐☐☐☐☐

32. It's been a really busy week. ☐☐☐☐☐

33. What makes you so sure about that? ☐☐☐☐☐

34. It's been years. . ☐☐☐☐☐

35. Are you thinking what I'm thinking? ☐☐☐☐☐

36. I was afraid you wouldn't come. ☐☐☐☐☐

37. Let's get it over with. ☐☐☐☐☐

38. She had agreed to be fixed up on a blind date. ☐☐☐☐☐

39. I'm gonna excuse myself. ☐☐☐☐☐

40. I'll tell you what. ☐☐☐☐☐

41. We're just about to have dessert. ☐☐☐☐☐

42. Let me get that door for you. ☐☐☐☐☐

43. Don't be scared. ☐☐☐☐☐

44. I'm so tired of going through women. ☐☐☐☐☐

45. Why is that? ☐☐☐☐☐

46. I've been looking all over for you. ☐☐☐☐☐

47. I'm out of time. ☐☐☐☐☐

48. This is humiliating. ☐☐☐☐☐

49. You must be joking. ☐☐☐☐☐

50. Let me tell you something. ☐☐☐☐☐

51. That won't be necessary. ☐☐☐☐☐

52. I can't believe what I'm hearing. ☐☐☐☐☐

53. You're an hour early. ☐☐☐☐☐

54. Keep me posted. ☐☐☐☐☐

55. What took you so long? ☐☐☐☐☐

56. Don't let anything bad happen to you. ☐☐☐☐☐

57. I'm out of here. ☐☐☐☐☐

58. That was very thoughtful of you. ☐☐☐☐☐

59. I made some plans already. ☐☐☐☐☐

60. Don't take it all so seriously. ☐☐☐☐☐

61. It's nothing to be ashamed of. ☐☐☐☐☐

62. I just feel so betrayed. ☐☐☐☐☐

63. I'm glad you could make it. ☐☐☐☐☐

64. I can't stay long. ☐☐☐☐☐

65. Every relationship has its ups and downs. ☐☐☐☐☐

66. Can I give you a ride home? ☐☐☐☐☐

67. I'm just gonna grab a cab. ☐☐☐☐☐

68. I'm still not over you. ☐☐☐☐☐

69. I told you there'd be something. ☐☐☐☐☐

70. The guy's got good word of mouth. ☐☐☐☐☐

71. Get your coat. ☐☐☐☐☐

72. I'm really not in the mood ☐☐☐☐☐

73. This is really embarrassing. ☐☐☐☐☐

74. You want me to give you a ride home? ☐☐☐☐☐

75. Just don't pay me more attention. ☐☐☐☐☐

76. Keep up the good work. ☐☐☐☐☐

77. He'll never go for it. ☐☐☐☐☐

78. You must be starving after that long drive. ☐☐☐☐☐

79. How was the traffic? ☐☐☐☐☐

80. She's older than I thought. ☐☐☐☐☐

81. Do you know each other? ☐☐☐☐☐

82. You don't look as if you're enjoying yourself. ☐☐☐☐☐

83. Can I get you a drink? ☐☐☐☐☐

84. I meant it as a compliment. ☐☐☐☐☐

85. I'd like us to become friends. ☐☐☐☐☐

DAY 18 오늘의 표현

※ 정확한 발음을 듣고 큰 소리로 다섯 번씩 따라하세요. 읽을 때마다 네모 칸에 체크하세요.

86. I didn't mean to frighten you. ☐☐☐☐☐

87. I thought you agreed not to call me at home. ☐☐☐☐☐

88. I won't be long. ☐☐☐☐☐

89. It's very confusing. ☐☐☐☐☐

90. I couldn't agree more. ☐☐☐☐☐

※ 이번엔 연음되는 발음을 듣고 역시 큰 소리로 다섯 번씩 따라하세요. 읽을 때마다 네모 칸에 체크하세요.

86. I didn't mean to frighten you. ☐☐☐☐☐

87. I thought you agreed not to call me at home. ☐☐☐☐☐

88. I won't be long. ☐☐☐☐☐

89. It's very confusing. ☐☐☐☐☐

90. I couldn't agree more. ☐☐☐☐☐

86. 널 겁주려고 그런 거 아니었어. 87. 집으로 전화하지 않기로 했던 것 같은데. 88. 시간 오래 안 걸려. 금방 올게. 89. 정말 헷갈리게 하네. 90. 나야 뭐 대 찬성이야.

한글에 맞는 영어표현을 큰 소리로 말하면서 적어보세요.

86. 널 겁주려고 그런 거 아니었어.

_____

87. 집으로 전화하지 않기로 했던 것 같은데.

_____

88. 시간 오래 안 걸려. 금방 올게.

_____

89. 정말 헷갈리게 하네.

_____

90. 나야 뭐 대 찬성이야.

_____

※ 주말에도 공휴일에도 빠짐없이 해야 실력 향상이 된답니다.

큰 소리로 반복읽기와 DAY19 표현을 한 시간 동안 읽어봅시다.

(머리가 울려야 기억으로 저장 된답니다)

※ 지난 문장들을 먼저 반복하는 게 중요합니다. 정확한 발음으로 크게 소리 내어 다섯 번씩 읽어보세요.

1. I think it's quite interesting. ☐☐☐☐☐

2. I feel like I know you from somewhere. ☐☐☐☐☐

3. I just moved here from London. ☐☐☐☐☐

4. It was love at first sight. ☐☐☐☐☐

5. I think perhaps I have met you somewhere before.
☐☐☐☐☐

6. Tim popped the question. ☐☐☐☐☐

7. My mother's not feeling very well. ☐☐☐☐☐

8. Could we take a rain check? ☐☐☐☐☐

9. He said he was up to his ears. ☐☐☐☐☐

10. You look gorgeous. ☐☐☐☐☐

11. Can't complain. ☐☐☐☐☐

12. You seeing anyone special? ☐☐☐☐☐

13. Are you out of your mind? ☐☐☐☐☐

14. What the hell do you think you're doing? ☐☐☐☐☐

15. I have to go back to work. ☐☐☐☐☐

16. I've never seen him in my life. ☐☐☐☐☐

17. I'll get you a cab. ☐☐☐☐☐

18. I'm having dinner with you. ☐☐☐☐☐

19. Maybe another time. ☐☐☐☐☐

20. Where can I drop you? ☐☐☐☐☐

21. What have you been doing lately? ☐☐☐☐☐

22. Thanks for the ride. ☐☐☐☐☐

23. How long have you known Nick? ☐☐☐☐☐

24. It got to be a problem. ☐☐☐☐☐

25. They decided to take action. ☐☐☐☐☐

26. I'll see what I can do. ☐☐☐☐☐

27. It's too depressing. ☐☐☐☐☐

28. I happen to love the way I look. ☐☐☐☐☐

29. She totally won't return my phone calls. ☐☐☐☐☐

30. What do you want to be when you grow up? ☐☐☐☐☐

31. How come you haven't been returning any of my calls?

☐☐☐☐☐

32. It's been a really busy week. ☐☐☐☐☐

33. What makes you so sure about that? ☐☐☐☐☐

34. It's been years. . ☐☐☐☐☐

35. Are you thinking what I'm thinking? ☐☐☐☐☐

36. I was afraid you wouldn't come. ☐☐☐☐☐

37. Let's get it over with. ☐☐☐☐☐

38. She had agreed to be fixed up on a blind date. ☐☐☐☐☐

39. I'm gonna excuse myself. ☐☐☐☐☐

40. I'll tell you what. ☐☐☐☐☐

41. We're just about to have dessert. ☐☐☐☐☐

42. Let me get that door for you. ☐☐☐☐☐

43. Don't be scared. ☐☐☐☐☐

44. I'm so tired of going through women. ☐☐☐☐☐

45. Why is that? ☐☐☐☐☐

46. I've been looking all over for you. ☐☐☐☐☐

47. I'm out of time. ☐☐☐☐☐

48. This is humiliating. ☐☐☐☐☐

49. You must be joking. ☐☐☐☐☐

50. Let me tell you something. ☐☐☐☐☐

51. That won't be necessary. ☐☐☐☐☐

52. I can't believe what I'm hearing. ☐☐☐☐☐

53. You're an hour early. ☐☐☐☐☐

54. Keep me posted. ☐☐☐☐☐

55. What took you so long? ☐☐☐☐☐

56. Don't let anything bad happen to you. ☐☐☐☐☐

57. I'm out of here. ☐☐☐☐☐

58. That was very thoughtful of you. ☐☐☐☐☐

59. I made some plans already. ☐☐☐☐☐

60. Don't take it all so seriously. ☐☐☐☐☐

61. It's nothing to be ashamed of. ☐☐☐☐☐

62. I just feel so betrayed. ☐☐☐☐☐

63. I'm glad you could make it. ☐☐☐☐☐

64. I can't stay long. ☐☐☐☐☐

65. Every relationship has its ups and downs. ☐☐☐☐☐

66. Can I give you a ride home? ☐☐☐☐☐

67. I'm just gonna grab a cab. ☐☐☐☐☐

68. I'm still not over you. ☐☐☐☐☐

69. I told you there'd be something. ☐☐☐☐☐

70. The guy's got good word of mouth. ☐☐☐☐☐

71. Get your coat. ☐☐☐☐☐

72. I'm really not in the mood ☐☐☐☐☐

73. This is really embarrassing. ☐☐☐☐☐

74. You want me to give you a ride home? ☐☐☐☐☐

75. Just don't pay me more attention. ☐☐☐☐☐

76. Keep up the good work. ☐☐☐☐☐

77. He'll never go for it. ☐☐☐☐☐

78. You must be starving after that long drive. ☐☐☐☐☐

79. How was the traffic? ☐☐☐☐☐

80. She's older than I thought. ☐☐☐☐☐

81. Do you know each other? ☐☐☐☐☐

82. You don't look as if you're enjoying yourself. ☐☐☐☐☐

83. Can I get you a drink? ☐☐☐☐☐

84. I meant it as a compliment. ☐☐☐☐☐

85. I'd like us to become friends. ☐☐☐☐☐

86. I didn't mean to frighten you. ☐☐☐☐☐

87. I thought you agreed not to call me at home? ☐☐☐☐☐

88. I won't be long. ☐☐☐☐☐

89. It's very confusing. ☐☐☐☐☐

90. I couldn't agree more. ☐☐☐☐☐

DAY 19 오늘의 표현

※ 정확한 발음을 듣고 큰 소리로 다섯 번씩 따라하세요. 읽을 때마다 네모 칸에 체크하세요.

91. I didn't recognize your voice. ☐☐☐☐☐

92. That helps you sleep? ☐☐☐☐☐

93. There's nothing I can do about it. ☐☐☐☐☐

94. Thanks for a nice dinner. ☐☐☐☐☐

95. I'll walk home. ☐☐☐☐☐

91. I didn't recognize your voice. □□□□□

92. That helps you sleep? □□□□□

93. There's nothing I can do about it. □□□□□

94. Thanks for a nice dinner. □□□□□

95. I'll walk home. □□□□□

91. 네 목소리를 못 알아들었어. 92. 그렇게 하니까 잠자는데 도움이 돼? 93. 그건 내가 어떻게 할 방법이 없어. 94. 맛있는 저녁 감사합니다. 95. 나는 집에 걸어서 갈래.

한글에 맞는 영어표현을 큰 소리로 말하면서 적어보세요.

91. 네 목소리를 못 알아들었어.

_____

92. 그렇게 하니까 잠자는데 도움이 돼?

_____

93. 그건 내가 어떻게 할 방법이 없어.

_____

94. 맛있는 저녁 감사합니다.

_____

95. 나는 집에 걸어서 갈래.

_____

※ 주말에도 공휴일에도 빠짐없이 해야 실력 향상이 된답니다.

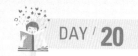

큰소리로 반복읽기와 DAY20 표현을 한 시간 동안 읽어봅시다.

(머리가 울려야 기억으로 저장 된답니다)

※ 지난 문장들을 먼저 반복하는 게 중요합니다. 정확한 발음으로 크게 소리 내어 다섯 번씩 읽어보세요.

1. I think it's quite interesting. ☐☐☐☐☐

2. I feel like I know you from somewhere. ☐☐☐☐☐

3. I just moved here from London. ☐☐☐☐☐

4. It was love at first sight. ☐☐☐☐☐

5. I think perhaps I have met you somewhere before.
☐☐☐☐☐

6. Tim popped the question. ☐☐☐☐☐

7. My mother's not feeling very well. ☐☐☐☐☐

8. Could we take a rain check? ☐☐☐☐☐

9. He said he was up to his ears. ☐☐☐☐☐

10. You look gorgeous. ☐☐☐☐☐

11. Can't complain. ☐☐☐☐☐

12. You seeing anyone special? ☐☐☐☐☐

13. Are you out of your mind? ☐☐☐☐☐

14. What the hell do you think you're doing? ☐☐☐☐☐

15. I have to go back to work. ☐☐☐☐☐

16. I've never seen him in my life. ☐☐☐☐☐

17. I'll get you a cab. ☐☐☐☐☐

18. I'm having dinner with you. ☐☐☐☐☐

19. Maybe another time. ☐☐☐☐☐

20. Where can I drop you? ☐☐☐☐☐

21. What have you been doing lately? ☐☐☐☐☐

22. Thanks for the ride. ☐☐☐☐☐

23. How long have you known Nick? ☐☐☐☐☐

24. It got to be a problem. ☐☐☐☐☐

25. They decided to take action. ☐☐☐☐☐

26. I'll see what I can do. ☐☐☐☐☐

27. It's too depressing. ☐☐☐☐☐

28. I happen to love the way I look. ☐☐☐☐☐

29. She totally won't return my phone calls. ☐☐☐☐☐

30. What do you want to be when you grow up? ☐☐☐☐☐

31. How come you haven't been returning any of my calls?

☐☐☐☐☐

32. It's been a really busy week. ☐☐☐☐☐

33. What makes you so sure about that? ☐☐☐☐☐

34. It's been years. . ☐☐☐☐☐

35. Are you thinking what I'm thinking? ☐☐☐☐☐

36. I was afraid you wouldn't come. ☐☐☐☐☐

37. Let's get it over with. ☐☐☐☐☐

38. She had agreed to be fixed up on a blind date. ☐☐☐☐☐

39. I'm gonna excuse myself. ☐☐☐☐☐

40. I'll tell you what. ☐☐☐☐☐

41. We're just about to have dessert. ☐☐☐☐☐

42. Let me get that door for you. ☐☐☐☐☐

43. Don't be scared. ☐☐☐☐☐

44. I'm so tired of going through women. ☐☐☐☐☐

45. Why is that? ☐☐☐☐☐

46. I've been looking all over for you. ☐☐☐☐☐

47. I'm out of time. ☐☐☐☐☐

48. This is humiliating. ☐☐☐☐☐

49. You must be joking. ☐☐☐☐☐

50. Let me tell you something. ☐☐☐☐☐

51. That won't be necessary. ☐☐☐☐☐

52. I can't believe what I'm hearing. ☐☐☐☐☐

53. You're an hour early. ☐☐☐☐☐

54. Keep me posted. ☐☐☐☐☐

55. What took you so long? ☐☐☐☐☐

56. Don't let anything bad happen to you. ☐☐☐☐☐

57. I'm out of here. ☐☐☐☐☐

58. That was very thoughtful of you. ☐☐☐☐☐

59. I made some plans already. ☐☐☐☐☐

60. Don't take it all so seriously. ☐☐☐☐☐

61. It's nothing to be ashamed of. ☐☐☐☐☐

62. I just feel so betrayed. ☐☐☐☐☐

63. I'm glad you could make it. ☐☐☐☐☐

64. I can't stay long. ☐☐☐☐☐

65. Every relationship has its ups and downs. ☐☐☐☐☐

66. Can I give you a ride home? ☐☐☐☐☐

67. I'm just gonna grab a cab. ☐☐☐☐☐

68. I'm still not over you. ☐☐☐☐☐

69. I told you there'd be something. ☐☐☐☐☐

70. The guy's got good word of mouth. ☐☐☐☐☐

71. Get your coat. ☐☐☐☐☐

72. I'm really not in the mood ☐☐☐☐☐

73. This is really embarrassing. ☐☐☐☐☐

74. You want me to give you a ride home? ☐☐☐☐☐

75. Just don't pay me more attention. ☐☐☐☐☐

76. Keep up the good work. ☐☐☐☐☐

77. He'll never go for it. ☐☐☐☐☐

78. You must be starving after that long drive. ☐☐☐☐☐

79. How was the traffic? ☐☐☐☐☐

80. She's older than I thought. ☐☐☐☐☐

81. Do you know each other? ☐☐☐☐☐

82. You don't look as if you're enjoying yourself. ☐☐☐☐☐

83. Can I get you a drink? ☐☐☐☐☐

84. I meant it as a compliment. ☐☐☐☐☐

85. I'd like us to become friends. ☐☐☐☐☐

86. I didn't mean to frighten you. ☐☐☐☐☐

87. I thought you agreed not to call me at home? ☐☐☐☐☐

88. I won't be long. ☐☐☐☐☐

89. It's very confusing. ☐☐☐☐☐

90. I couldn't agree more. ☐☐☐☐☐

91. I didn't recognize your voice. ☐☐☐☐☐

92. That helps you sleep? ☐☐☐☐☐

93. There's nothing I can do about it. ☐☐☐☐☐

94. Thanks for a nice dinner. ☐☐☐☐☐

95. I'll walk home. ☐☐☐☐☐

오늘의 표현

※ 정확한 발음을 듣고 큰 소리로 다섯 번씩 따라하세요. 읽을 때마다 네모 칸에 체크하세요.

96. I'd rather take the subway. ☐☐☐☐☐

97. You didn't get hurt, did you? ☐☐☐☐☐

98. Don't let it hurt you. ☐☐☐☐☐

99. Is that a promise? ☐☐☐☐☐

100. That's what I've heard. ☐☐☐☐☐

※ 이번엔 연음되는 발음을 듣고 역시 큰 소리로 다섯 번씩 따라하세요. 읽을 때마다 네모 칸에 체크하세요.

96. I'd rather take the subway. ☐☐☐☐☐

97. You didn't get hurt, did you? ☐☐☐☐☐

98. Don't let it hurt you. ☐☐☐☐☐

99. Is that a promise? ☐☐☐☐☐

100. That's what I've heard. ☐☐☐☐☐

96. 나는 그냥 지하철 타고 갈래. 97. 어디 다친건 아니지? 98. 그런 일로 속상해 하지마.
99. 약속하는 거야? 100. 난 그렇다고 얘기 들었어.

한글에 맞는 영어표현을 큰 소리로 말하면서 적어보세요.

96. 나는 그냥 지하철 타고 갈래.

_____

97. 어디 다친건 아니지?

_____

98. 그런 일로 속상해 하지마.

_____

99. 약속하는 거야?

_____

100. 난 그렇다고 얘기 들었어.

_____

※ 주말에도 공휴일에도 빠짐없이 해야 실력 향상이 된답니다.

• 영어 도전 | 2단계

좋은 문장을 큰소리로 한 시간씩 읽다 보면 천천히 변화해 가는 자신을 발견할 수 있다는 오석태쌤의 말씀을 확신하며 오늘부터 2단계 도전에 들어갑니다.

도전 2단계가 시작되었습니다. 그 동안 익혔던 20일 도전기의 100 문장과 함께 매일 매일 새로운 10문장을 큰소리로 따라 읽습니다.

★ **TIP** | 자신 있는 문장은 맨 앞에서부터 하루하루 10문장씩 제외하고 그 자리에 새로운 10문장씩을 추가하면서 읽으셔도 됩니다.

1. He was done with me. ☐☐☐☐☐

   그는 나와 볼 일이 다 끝났다.

2. I headed off to baggage claim. ☐☐☐☐☐

   나는 수하물 찾는 곳으로 향했다.

3. I wheeled my suitcase down the street. ☐☐☐☐☐

   나는 바퀴 달린 가방을 끌고 거리로 향했다.

4. The rain turned emphatic. ☐☐☐☐☐

   빗줄기가 강해졌다.

5. I kept my head down as I walked. ☐☐☐☐☐

   나는 계속 머리를 숙이고 걸었다.

6. I didn't catch much of what he said. ☐☐☐☐☐

   나는 그의 말을 많이 알아듣지 못했다.

7. That's hours from now. ☐☐☐☐☐

   그건 지금부터 몇 시간이 지나야 되는 거잖아.

8. He turned back to his call. ☐☐☐☐☐

   그는 다시 전화통화를 계속했다.

9. I got on the first train that arrived. ☐☐☐☐☐

   나는 제일 먼저 도착한 열차에 올라탔다.

10. I was desperate for shelter from the rain. ☐☐☐☐☐

    나는 비를 피할 곳을 필사적으로 찾고 있었다.

11. I took a table by a window.

　창문 옆자리 잡았어.

12. The coffee has gone cold.

　커피가 다 식었다.

13. The rain was still falling.

　아직 비는 내리고 있었다.

14. I tried to keep my eyes open.

　나는 계속 눈을 뜨고 있으려고 애를 썼다.

15. My vision was blurred.

　눈이 (시야가) 흐릿해졌다.

16. My mouth was parched.

　입이 바짝 말랐다.

17. My neck was rigid.

　목이 뻣뻣했다.

18. There was a knock on the door.

　누가 문을 노크했다.

19. His face was familiar.

　눈에 익숙한 얼굴이었다.

20. That doesn't surprise me.

　그건 놀랄 일 아니야.

21. This is your decision.
이건 네가 알아서 해야지.

22. It is the other way around.
아니 그 정반대야.

23. Are you in contact with her?
그녀와 연락이 돼요?

24. She won't talk with me.
그녀가 나와 대화를 하려고 하질 않아.

25. What's the cure?
어떻게 치료해야 되나요?

26. I can't afford this hotel.
이 호텔에서 머물 돈이 없어.

27. What brought you to Paris, alone?
파리에는 무슨 일로 왔어요? 그것도 혼자서요?

28. Can't it wait?
그거 나중에 하면 안돼?

29. Is that supposed to frighten me?
지금 협박하는 거야?

30. I can handle it.
내가 알아서 처리할게.

31. The water was seriously hot.

물이 무척 뜨거웠다.

32. You don't have to do this.

이러지 않아도 돼.

33. You must eat.

먹어야 돼.

34. You are being far too nice to me.

지금 나한테 너무 잘해주잖아.

35. He avoided my eyes.

그는 내 눈을 피했다.

36. I finished packing.

나는 짐을 다 쌌다.

37. Tell him I'll be in touch.

내가 연락하겠다고 그에게 전해줘요.

38. That's all I can afford.

그게 내가 낼 수 있는 돈 전부입니다.

39. Can I have a receipt?

영수증 받을 수 있어요?

40. I'll bear that in mind.

잘 기억하고 있겠습니다.

41. My hands are moist with sweat.

손이 땀 때문에 축축해.

42. The light turned green.

신호등이 녹색으로 변했다.

43. It is illegal to talk on a cell phone while driving.

운전 중에 휴대전화 사용하는 건 불법이야.

44. Switch your flashers on.

차 깜빡이 켜.

45. Attend to it immediately.

그 일 당장 처리해.

46. Are you on the street? It sounds so loud.

지금 밖이야? 너무 시끄러워.

47. I returned from lunch.

점심 먹고 들어왔어.

48. I've got to run.

나 그만 가봐야겠어.

49. Give me a call if you change your mind.

생각이 바뀌면 전화줘.

50. I couldn't read his expression.

그의 표정을 읽을 수가 없었어.

51. Wake me up sooner.

좀 더 일찍 깨워줘.

52. How's school going?

학교 생활 어때?

53. How could you forget something like that?

어떻게 그런 걸 잊을 수 있어?

54. I don't ever act up.

저 말 잘 들어요. 버릇없이 굴지 않아요.

55. What does that have to do with this?

그게 이거하고 무슨 상관이야?

56. That's what I'm worried about.

그게 바로 내가 걱정하는 거야.

57. Why are you telling me this?

왜 나한테 이 말을 하는 건데?

58. Would that be okay?

그렇게 해도 괜찮으시겠어요?

59. I need a change.

뭔가 변화가 필요해.

60. You can keep that.

그거 너 가져도 돼.

61. Have a good lunch! ☐☐☐☐☐

점심 맛있게 먹어!

62. What took you so long? ☐☐☐☐☐

왜 이렇게 오래 걸렸어?

63. I'll try harder. ☐☐☐☐☐

내가 더 열심히 할게.

64. I might pass out. I'm so hungry. ☐☐☐☐☐

이러다 기절하겠어. 넘 배고파.

65. She'll be back any minute. ☐☐☐☐☐

그녀 곧 돌아올 거야.

66. She would freak. ☐☐☐☐☐

걔 완전히 열 받아 돌아버릴 텐데.

67. It's not worth the risk. ☐☐☐☐☐

그게 그런 위험을 감수할 만큼 값어치 있는 일은 아니야.

78. It won't happen again, I promise. ☐☐☐☐☐

다시는 그런 일 없을 거야. 정말이야.

69. I feel like crying. ☐☐☐☐☐

정말 울고 싶다.

70. I need a moment. ☐☐☐☐☐

잠깐 혼자 있고 싶어.

71. I didn't mean anything by it.

그냥 별 생각 없이 한 행동(말)이었어.

72. When did this happen?

이게 언제 있었던 일이야?

73. It took forever.

그 일 하는데 하루 종일 걸렸어.

74. I thought you said you liked him.

너 걔 좋아한다고 말하지 않았던가?

75. What's the rush?

왜 그렇게 서둘러?

76. I'll catch you later.

내가 나중에 연락할게.

77. I've lost interest in him entirely.

난 걔한테 완전히 흥미 잃었어.

78. He only has eyes for you.

걔 지금 너한테만 관심 있어.

79. You really are a big help to me.

넌 정말 나한테 큰 도움이 돼.

80. I used to read a lot.

그래도 옛날에는 책 많이 읽었었는데.

81. I just want you to know that. ☐☐☐☐☐

그냥 네가 그 사실을 알아뒀으면 해서.

82. I have an emergency at home. ☐☐☐☐☐

집에 급한 일이 생겼어.

83. I just got a call from Rudy. ☐☐☐☐☐

방금 루디에게서 전화가 왔어.

84. She went to a movie. ☐☐☐☐☐

걔 영화 보러 갔는데.

85. I didn't mention it. ☐☐☐☐☐

난 그 말 안 했어.

86. I haven't had time to think. ☐☐☐☐☐

생각할 시간도 없었다.

87. Have you told him yet? ☐☐☐☐☐

걔한테 벌써 얘기했어?

88. I'm out of luck. ☐☐☐☐☐

난 정말 운이 없어.

89. Can you imagine that? ☐☐☐☐☐

너는 그게 상상이 되니?

90. It's not worth it. ☐☐☐☐☐

그건 그럴만한 값어치가 없어.

91. What do you do for fun? ☐☐☐☐☐

    취미가 뭐에요?

92. I don't really go to clubs. ☐☐☐☐☐

    저는 클럽에는 잘 안 가요.

93. I see movies for fun. ☐☐☐☐☐

    저는 영화 보는 게 취미에요.

94. That sounds like a lot of fun. ☐☐☐☐☐

    듣고 보니 그거 아주 재미있겠네요.

95. I used to do that when I was your age. ☐☐☐☐☐

    네 나이 땐 나도 그랬었어.

96. Enjoy it while you can. ☐☐☐☐☐

    할 수 있을 때 마음껏 즐겨.

97. He never stops talking. ☐☐☐☐☐

    저 사람은 말이 왜 저렇게 많아.

98. This is all for me? ☐☐☐☐☐

    이게 다 내 거야?

99. It's nothing. ☐☐☐☐☐

    별 거 아니야.

100. I can't thank you enough. ☐☐☐☐☐

    정말 너무 고마워.

101. It's my fault.

내 잘못이야.

102. Can you e-mail me that.

그거 이메일로 보내줄 수 있겠어?

103. Let's get moving.

어서 가자.

104. I'm sure it'll be a big help.

그게 큰 도움이 될 거야.

105. I didn't know you'd be here.

네가 올 줄은 몰랐어.

106. You said you couldn't make it today.

오늘은 못 온다고 했었잖아.

107. I thought you had to tutor today.

오늘 애들 가르치는 날 아니야?

108. You could use some rest.

너 좀 쉬어야 돼.

109. I'll see you soon.

잠시 후에 봐.

110. Where should we park?

어디에 주차해야 돼?

111. I'll be there in just ten minutes or so.

10분 정도 후에 도착할 거야.

112. I don't really have time for this.

나 이럴 시간 없어.

113. It's hard to explain.

설명하기 힘들어.

114. I can't thank you enough.

정말 고맙고 또 고마워.

115. I swear I'll make it up to you.

내가 꼭 나중에 이 고마움/신세 진 거 갚을게.

116. Are you home?

지금 집이니?

117. Don't bother.

그렇게 애쓸 필요 없어. 그러지 않아도 돼.

118. I'll talk to you later.

나중에 얘기해. 나중에 만나서 얘기하자.

119. I don't totally understand.

난 정말이지 전혀 이해 못하겠어.

120. You know that's not what I meant.

내 말은 그 뜻이 아니라는 거 알면서 왜 그래.

121. I just got home.

집에 방금 들어왔어.

122. I need sleep.

나 자야 돼.

123. Can I call you later?

내가 나중에 전화해도 될까?

124. I really need a shower.

나 샤워해야겠어.

125. Let's drop it.

그 얘긴 그만하자.

126. You work constantly.

넌 정말 쉴 새도 없이 일하는구나.

127. I didn't want to bother you.

괜히 너 성가시게 하고 싶지 않았어.

128. It doesn't matter anymore.

더 이상 문제 될 거 없어. 다 해결 됐어.

129. It rfeally wasn't that bad.

그렇게 심각한 일 아니었어.

130. I can't believe how stupid I was.

내가 왜 그렇게 바보 같은 짓을 했는지 몰라.

131. I'm so glad you like it.

네가 마음에 들어 하니까 좋아.

132. It's against the rules.

그건 규칙에 어긋나는 일입니다.

133. Please tell me what really happened.

진짜 무슨 일이 있었던 건지 말해줘.

134. I see your point.

네가 무슨 말을 하려는 건지 잘 알아.

135. It's not you.

너 때문에 그러는 거 아니니까 신경 쓰지마.

136. She's difficult.

까다로운 여자야.

137. It's part of my job.

내 일인데 뭐.

138. Is that a yes or a no?

좋다는 거야 싫다는 거야?

139. I don't know his cell number.

나 걔 핸드폰 번호 몰라.

140. Am I making myself clear?

내 말 알아듣겠어?

141. Things are so crazy here.

여긴 지금 정신 없어.

142. Forget it. Not a big deal.

신경 쓰지마. 별 일 아니야.

143. It's not that exciting.

그게 그렇게까지 신나는 일은 아니야.

144. I made a reservation for brunch.

브런치 예약해 놨어.

145. You did all of this already?

이걸 벌써 다 했다고?

146. I was looking forward to telling you about it.

그 얘기를 너한테 정말 해주고 싶었어.

147. I can't wait for October.

10월이 빨리 왔으면 좋겠어.

148. Don't grill me.

나 좀 다그치지 마.

149. I've been meaning to tell you.

너한테 얘기해주려고 했었어.

140. First, let's decide where we're going.

우리가 어디로 갈 것인지부터 결정하자.

151. I've been craving it forever.

거기에 정말 오랫동안 가보고 싶었어.

152. I have it right here.

그거 여기 나한테 있어.

153. We're on our way to get a drink.

우리 한잔 하러 가는 중이야.

154. You're being rude.

너 지금 좀 버릇이 없네.

155. Cut yourself a little slack.

너무 고지식하게 그러지 말고 좀 융통성 있게 해.

156. He has told me a lot about you.

그를 통해서 말씀 많이 들었습니다.

157. Hopefully we'll cross paths soon.

곧 다시 만나게 되길 바랍니다.

158. I'll walk you out.

밖까지 모셔다 드리죠.

159. Great running into you tonight.

오늘밤 이렇게 우연히 마주치게 되어서 정말 좋았습니다.

160. You've got nothing to lose.

넌 손해 볼 게 하나도 없잖아.

161. I have a quick question.

    잠깐 드릴 질문이 있어서요.

162. I checked online.

    내가 인터넷으로 확인해봤어.

163. I couldn't fall asleep.

    잠을 잘 수가 없었어.

164. If there's anything I can do, feel free to call.

    내가 할 수 있는 일이 있으면 언제든 전화해.

165. I have no idea what you're talking about.

    네가 무슨 소리 하는 건지 난 모르겠어.

166. There's little left to do but wait.

    기다리는 수밖에 없어.

167. She said nothing to me.

    걘 나한테 아무 말도 안 했어.

168. How's your day going?

    오늘 별 일 없이 잘 지내고 있어?

169. I've had a great day.

    오늘 정말 끝내주는 하루였어.

170. I'll definitely be home by eleven.

    11시까지는 분명히 집에 도착할 거야.

171. Could you be a little more descriptive?

좀 더 자세히 설명해줄 수 있겠어요?

172. He's scary-looking.

그는 외모가 무서워.

173. Let me take care of this.

이건 내가 알아서 할게.

174. He's about ready to leave.

그는 떠날 준비가 거의 다 되었어.

175. I'll take a quick shower.

금방 샤워하고 나올게.

176. I'm out of here.

다녀올게.

177. Go get ready.

어서 가서 준비해.

178. What do you need me to do?

제가 뭘 해야 되는 건가요?

179. It's really annoying.

정말 짜증나네.

180. Can we get together next week?

우리 다음 주에 만날 수 있을까?

181. I've got it all under control.

모든 준비 끝났어.

182. She's very understanding.

그녀는 이해심이 대단해.

183. Don't worry about a thing.

넌 하나도 걱정 마.

184. You just concentrate on feeling better.

넌 건강에만 신경 써.

185. I'll take care of everything else.

다른 건 내가 다 알아서 할게.

186. There will be a lot to do.

할 일 많을 거야 아마.

187. Help me out with makeup.

나 화장 좀 도와줘.

188. You only have a week.

너 일 주일밖에 안 남았어.

189. I can't believe this is happening to me.

나한테 이런 일이 일어나다니!

190. You sound horrible.

너 목소리가 완전 맛이 갔네.

191. She went ballistic.

그녀는 분통을 터뜨렸다.

192. She's unhappy with me.

그녀는 나를 탐탁지 않아해.

193. He calls every ten minutes.

10분마다 전화하는 거 있지.

194. It is a nightmare.

그건 악몽이야, 악몽.

195. What finally happened?

결국 어떻게 됐어?

196. I thought I'd say hi.

안부인사나 하려고 잠깐 들렀어.

197. You're going where?

네가 어디에 간다고?

198. Isn't that awesome?

이거 엄청난 일 아니니?

199. It's not that simple.

그게 그렇게 간단한 일이 아니야.

200. What are you saying?

너 지금 무슨 소리하는 거야?

201. It'll help us. ☐☐☐☐☐

그렇게 하면 우리에게 도움 될 거야.

202. Sounds like a great plan. ☐☐☐☐☐

그거 듣고 보니 좋은 계획인 것 같아.

203. Let's not talk any more tonight. ☐☐☐☐☐

오늘 밤에는 얘기 그만하자.

204. I'm glad you called. ☐☐☐☐☐

전화 걸어줘서 정말 고마워.

205. I've had a bad day. ☐☐☐☐☐

오늘 하루 정말 힘들었어.

206. As usual. ☐☐☐☐☐

늘 그렇지 뭐.

207. Why is that? ☐☐☐☐☐

그건 왜?

208. My job is demanding. ☐☐☐☐☐

내가 지금 하는 일은 정말 해야 할 일이 많아.

209. Don't make me feel guilty. ☐☐☐☐☐

괜히 죄책감 느끼게 만들지 마.

210. It's not the money. ☐☐☐☐☐

내가 돈 때문에 그러는 게 아니야.

211. What's that supposed to mean?

지금 무슨 뜻으로 하는 말이야?

212. I'm not going on vacation.

내가 지금 휴가 가는 게 아니라고. 일 때문에 가는 거야 일.

213. It's not my decision at all.

내가 결정해서 하는 일이 아니야.

214. Do you see a choice here?

상황이 이러한데 내가 무슨 선택의 여지가 있겠어? 네 눈에는 선택의 여지가 있어 보여?

215. He's busy 24/7 (twenty-four-seven).

걔 정말 잠시도 쉴 시간 없이 바빠. (하루 24시간, 일 주일에 7일)

216. I couldn't shake the feeling.

그런 기분을 떨쳐 버릴 수가 없었어.

217. The flight landed a few minutes late.

비행기가 좀 늦게 도착했어.

218. Do not worry about such things.

그런 건 걱정 하지마.

219. This is most helpful.

이거 대단히 도움 돼.

220. Come to my room immediately.

당장 내 방으로 좀 와.

221. I don't have time for this.

지금 이거 할 시간 없어.

222. I'm not sure what to tell you.

네게 무슨 말을 해야 할 지 모르겠어.

223. What do you want to hear?

무슨 말이 듣고 싶은 거야?

224. I expect you to come with me.

나하고 같이 갔으면 좋겠는데.

225. We will be there.

우리가 그쪽으로 갈게.

226. Be ready to leave in an hour.

한 시간 후에 떠날 거니까 준비해.

227. It looks better this way.

이렇게 하니까 더 좋아 보이네.

228. What are you doing here?

네가 여긴 왠 일이야?

229. Come with me for a minute.

잠깐 나하고 같이 좀 가.

230. Next month it will be a year.

다음 달이면 1년째야.

231. I've made a decision.

결정했어.

232. How about lunch next week?

다음 주에 점심 같이 할까?

233. You're a pain in the ass.

너 정말 사람 피곤하게 하는구나.

234. You've got a great sense of humor.

넌 유머감각이 탁월해.

235. A call from whom?

누구한테 온 전화데?

236. I guess that's something.

중요한 일인가보네.

237. He's worrying me.

걔가 나를 걱정시키고 있어.

238. That's long enough.

그 정도면 충분히 긴 시간이야.

239. As I told you before,

내가 지난 번에도 얘기했듯이,

240. Trust me here.

이건 날 좀 믿어봐.

241. Wake me up sooner.

앞으로는 좀 더 일찍 깨워줘.

242. I have a better idea.

더 좋은 생각이 있어.

243. I didn't want you to be mad at me.

네가 나한테 화낼까 봐 그랬지.

244. Don't get on the bus.

오늘은 버스 타지 마.

245. He won't accept that.

그가 그 사실을 받아들일 것 같아? 절대 아니야.

246. I'll do it when I get back.

다녀와서 할게.

247. I don't smoke.

나 담배 안 피워.

248. What good would it do?

그게 어디에 도움이 된다는 거야?

249. Would that be okay?

그래도 괜찮겠어요?

250. I need a change.

뭔가 변화가 필요해.

251. It had crossed my mind.

문득 그런 생각을 한 적이 있었지.

252. He's well spoken.

그는 말을 참 잘한다.

253. You're making me a little nervous.

사람을 왜 긴장시켜.

254. I hate to tell you this, but…

이 말은 정말 하고 싶지 않지만…

255. You can keep all that.

너 그거 다 가져도 돼.

256. I'm finished with it.

난 그거 다 봤어/다 읽었어/다 끝났어.

257. It is one idea.

그것도 하나의 아이디어가 될 수 있지.

258. I don't have money to burn.

내가 그럴 돈이 어디에 있어.

259. It's not all that hard.

그게 그렇게 힘든 건 아니야.

260. You didn't see my report cards as a kid.

너 내가 어렸을 때 성적표를 못 봐서 그래.

261. That's not as easy as it sounds.

그게 듣기보다 쉽지 않아요.

262. My schedule varies.

내 스케줄이 워낙 유동적이라서.

263. Does that happen a lot?

그런 일이 자주 있어?

264. What did she say?

그녀는 뭐래?

265. Where were we?

우리가 어디까지 얘기했더라?

266. It won't be much trouble at all.

그게 그닥 문제될 건 없어.

267. I need a fan and make it a good one.

선풍기가 필요해. 기왕이면 좋은 걸로.

268. You got yourself a deal.

좋아요. 제안하신 대로 할게요.

269. We had a lot to talk about.

할 얘기가 좀 많았어.

270. You're so far behind in English.

넌 남들에 비해서 영어가 많이 떨어져.

271. You don't have a choice.

넌 선택의 여지가 없어.

272. It could be worse.

잘못하다가는 더 악화돼.

273. It's late. Get some sleep.

늦었어. 어서 자.

274. Let's not go into that again.

다시는 그 얘기 하지 말자.

275. Try to look on the bright side.

긍정적으로 생각하도록 해.

276. Are you still exercising?

아직 운동해?

277. If I tell him, he thinks I'm nagging.

내가 걔한테 뭐라고 말하면 잔소리한다 생각해.

278. It's good to hear you laugh again.

네가 다시 웃는 소리를 들으니 좋네.

279. Don't let him hurt you anymore.

걔 때문에 더 이상 상처받지 마.

280. It's way better.

그게 훨씬 나아.

DAY / 29

281. He's a good looking boy.

개 잘생겼어.

282. You could say that.

그렇게 말할 수 있지.

283. Do you have any children?

너 애 있어?

284. It's a good way to unwind after work.

그건 퇴근 후에 긴장을 푸는 좋은 방법이네.

285. I'm quite impressed by that.

그거 정말 인상적이야.

286. No need to worry.

걱정할 필요 없어.

287. It'll work itself out.

가만 놔두면 저절로 해결돼.

288. What was I supposed to say?

내가 뭐라고 말해야 되는 거였지?

289. We had a whale of time.

우리 즐겁게 시간 보냈어.

290. She's desperate to know.

그녀는 간절히 알고 싶어 해.

291. His shirt is on inside out.

재 셔츠를 뒤집어 입었어.

292. The possibility is there.

충분히 가능성 있는 일이야.

293. I can't believe my bad luck.

난 왜 이렇게 재수가 없는 거야.

294. I didn't hear a word of it.

그 얘기는 한 마디도 못 들었어.

295. I'll pay you back, honest.

갚을게. 꼭.

296. The very thought makes me panic.

바로 그 생각만하면 난 완전 맨붕이야.

297. I've got a migraine coming on.

편두통이 오려고 해.

298. She has zero sense of humor.

그녀는 유머감각이 전혀 없어.

299. This is what I do.

이게 제가 하는 일입니다.

300. Her expression started to change.

그녀의 표정이 바뀌기 시작했어.